Valentin Kirschgruber

Von Sonnwend bis Rauhnacht

Inhalt

Einleitung

Die Feste mit Sinn erfüllen

Wir alle kennen die großen christlichen Feste im Jahreslauf – Ostern, Weihnachten und vielleicht noch Pfingsten – wenn vielleicht auch nur, weil zu diesen Zeiten Schulferien sind. Aber wahrscheinlich denken Sie nicht nur an die Ferienzeit. Verbinden Sie mit den Erinnerungen an Ihre Kindheit nicht auch den Zauber des Weihnachtsfestes? Oder den Spaß bei der Ostereiersuche im Freien?

Wenn Sie religiös erzogen wurden, haben Sie vermutlich schon früh den tieferen Sinn der heiligen Tage kennengelernt. Weihnachten war nicht nur das Fest der Geschenke, sondern der Geburt Jesu Christi. Ostern stand nicht nur für bemalte Eier, sondern für das Selbstopfer des Erlösers. Durch das Wissen und das Spüren des Heiligen gewannen die Feste an Bedeutung. Nicht nur die großen Feste, sondern auch die kleinen, unbekannten. Immer wieder gibt es Anlässe, die uns den Alltag beiseiteschieben lassen, um zu feiern.

Immer mehr Menschen erkennen, dass der Kaufrausch zu den großen Feiertagen der Christenheit am Wesentlichen vorbeigeht. Es kann ja wohl nicht sein, dass das Geburtsfest des Gottessohnes zum Fest der Händler und Tandler geworden ist! Die Feste, die unsere Vorfahren feierten, haben eine tiefere Bedeutung – es ging und geht darum, daran zu erinnern, dass es außerhalb der Alltagssorgen und üblichen Tätigkeiten noch etwas anderes gibt.
Wenn wir uns nun in diesem Buch mit den »heiligen Tagen« beschäftigen, wird offenbar, dass die Wurzeln unserer Feste noch viel weiter zurückreichen als das Christentum selbst. Schon in vorchristlicher Zeit gab es Feiern, Mythen und Bräuche. Und diese Feste wurden nie ganz vergessen – nur umbenannt und uminterpretiert.
Ich werde Ihnen von Festen berichten, die Sie wahrscheinlich kennen, aber auch von denen, die es schon lange davor gab. Dabei werden Sie feststellen, dass auch diese »heiligen Tage« nicht zufällig etwas Besonderes waren, sondern dass ein tiefer, das menschliche Wesen berührender Sinn dahinter liegt und die alten Traditionen es wert sind, erinnert, bewahrt, neu entdeckt und weitergegeben zu werden – erst recht in der heutigen Zeit, in der uns das Gespür für das Wesentliche leider allzu leicht verloren geht.

Meine Großmutter war eine große Kennerin der alten Bräuche. Sie war tiefgläubig, doch das hielt sie nicht davon ab, auch jene Traditionen aufrechtzuerhalten, die älter sind als die christlichen Feste. Natürlich wurden alljährlich der Weihnachtsbaum geschmückt und die Krippe aufgestellt – aber auch das Ahnentischchen, wo wir dazu angehalten wurden, unserer Vorfahren zu gedenken. Wir feierten die Sommersonnwende mit einem großen Feuer und Allerheiligen mit Rübengeistern.
So erlebte ich als Kind ganz natürlich die »heiligen Tage«. Doch woher sie kamen, was ihre ursprüngliche Bedeutung war und wie wichtig sie für den Menschen von jeher sind, verstand ich erst viel später. Und noch länger dauerte es, bis ich erkannte, wie uralte »heidnische« und die bekannten christlichen Feste und Bräuche zusammenhängen und wie eng spirituelle Traditionen mit unserer Heimat verbunden sind.

Die Bräuche sind bis heute Teil des Alltags. Ja, sie werden sogar immer lebendiger, wo Menschen sich auf ihre Wurzeln und ihre ursprüngliche Spiritualität besinnen. Wir können von den »heiligen Tagen« viel lernen: wie wir das Leben heiligen, wie wir innere Einkehr pflegen, wie wir Freude und Heiterkeit in uns wecken, wie wir Licht und Dunkel schätzen lernen, wie Dankbarkeit unser Leben bereichert und wie wir uns unseren Schattenseiten stellen. Als Kind war mir das nicht bewusst, und selbst meine Großmutter hätte dafür womöglich nicht die richtigen Worte gefunden – doch all diese Dinge schwangen stets mit und bildeten das Fundament des Alltags.

Folgen Sie mir durch das Jahr, das durch den Lauf von Mond und Sonne, vom Wechsel der Jahreszeiten geprägt ist – und spüren Sie den Sinn, der allen Festen, die wir feiern oder vielleicht in Zukunft wieder feiern werden, zugrunde liegt. Traditionen sind wichtig. Doch werden sie ihrer tieferen Bedeutung beraubt und dienen eher der Belustigung, werden sie zu oberflächlichen, manchmal sogar hohlen Ritualen. Wenn wir jedoch unseren Festen wieder Sinn verleihen, werden wir unsere Seelen bereichern. Die Welt um uns wird schöner, weil wir lernen, das Wesentliche und Wunderbare zu erkennen. Und so werden wir dem Alltag gelassener begegnen. Die Begegnung mit dem Heiligen macht uns nicht zu Heiligen, aber vielleicht zu ein wenig besseren Menschen, indem sie uns innerlich wachsen lässt.

Was unsere Ahnen glaubten

Unsere Kultur ist vom christlichen Glauben durchdrungen – doch das war nicht von Anbeginn der Zeiten so. Im Frühmittelalter, vor etwa 1400 Jahren, begann die Christianisierung der Völker Mitteleuropas. Die »Heiden« lebten davor aber schon nach ihren eigenen Glaubensvorstellungen. Vor allem zwei davon, die der Kelten und der Germanen, konkurrierten mit der neuen Religion.

Schon Hunderte von Jahren vor der Entstehung des Christentums trafen Kelten und Germanen mit ihren jeweiligen Vorstellungswelten zusammen; teilweise lässt sich heute gar nicht

DIE VERBREITUNG DER KELTEN

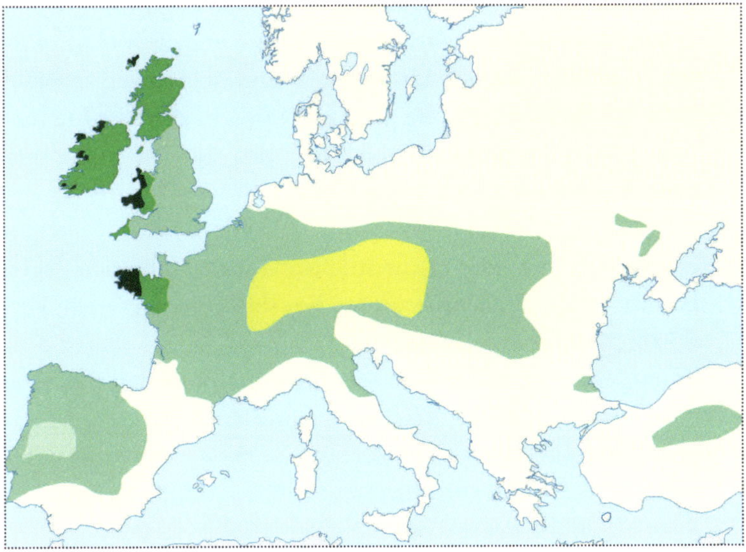

mehr unterscheiden, welche Teile des alten Glaubens ursprünglich von den Kelten und welche von den Germanen stammten.

Auch die Götter, an die sie glaubten, ähnelten sich – und niemand kann heute sagen, wo der Ursprung lag. So entsprach der germanische Gott Thor dem keltischen Taran; der germanischen Alagabiae stand die keltische Ollogabiae gegenüber. Auch ohne Sprachwissenschaftler zu sein, kann man sofort die Verwandtschaft der Namen erkennen, und auch deren Bedeutungen entsprechen sich.

Doch wie sah nun der Glaube unserer Vorfahren genau aus? So leicht ist das nicht zu beantworten – denn es gibt so gut wie keine schriftlichen Überlieferungen aus der Zeit. Was wir wissen, stammt entweder aus späteren Aufzeichnungen mündlicher Überlieferungen, die gemacht wurden, als das Christentum bereits vorherrschte, oder aus den Quellen römischer Schriftsteller.

Hinweise finden sich in christlichen Gesetzen, die sich gegen bestimmte alte Bräuche richteten. So erließ Karl der Große Vorschriften wie beispielsweise:
»Wenn einer nach heidnischem Brauch an Quellen, Bäumen oder Hainen betet, nach heidnischem Brauch Opfer darbringt oder ein Mahl zu Ehren der Götzen ausrichtet, zahlt er als Edler sechzig, als Freier dreißig und als Halbfreier fünfzehn Sol.«
So erfahren wir indirekt, dass Quellen, Haine und Bäume offenbar eine wichtige Rolle bei den Bräuchen der Kelten und Germanen spielten, dass Opfer dargebracht wurden und Festmahle zu Ehren der alten Götter veranstaltet wurden.
Viele alte Bräuche, wie beispielsweise die Feuerfeste, Maskenumzüge oder Orakel, lassen sich nicht mit dem Christentum in Übereinstimmung bringen – selbst dann, wenn sie heute christlichen Feiertagen zugeordnet sind und Namen christlicher Heiliger tragen. Und es fällt auf, dass die christlichen Feste erstaunlich deutlich mit den Sonnen- und Mondbewegungen, die den Menschen seit der Steinzeit geläufig waren, übereinstimmen.

Wenn man etwas über den Unterschied zwischen den alten europäischen Religionen und dem vergleichsweise neuen Christentum sagen kann, dann ist es wohl dies: In der Religion der Kelten und Germanen spielte die Natur eine zentrale Rolle. Die Natur war nicht einfach das, was Gott geschaffen hatte, sondern selbst belebt – und hatte eine eigene Kraft, Macht und Bedeutung. Ein Baum war nicht einfach nur eine Pflanze, sondern ein verehrungswürdiges Wesen – nicht unbedingt der einzelne Baum, sondern der Geist, der ihn belebte. Ein alter Hain trug somit noch größere Kraft. Eine Quelle war nicht nur ein besonderer Ort, an dem das lebensnotwendige Wasser zutage tritt, sondern ein mit der Kraft der Gottheit ausgestatteter magischer Platz. Sonne und Mond waren mächtige Wesenheiten, Wind und Wetter waren nicht einfach meteorologische Ereignisse, sondern hingen mit dem geheimnisvollen Wirken von Gottheiten zusammen, die der Mensch nicht völlig verstehen konnte, die aber so mit ihm in Zwiesprache traten und ihm etwas mitteilen wollten.
Uns mag das heute auf den ersten Blick als bloßer Aberglaube erscheinen, den wir belächeln. Doch es steckt viel mehr dahinter. Es ist zum einen das Anerkennen, ein Teil der Natur zu sein, zum anderen aber auch das Eingestehen, niemals alles verstehen und beherrschen zu können. Im Einklang mit den geheimnisvollen Kräften der Natur zu stehen – das macht ein gutes Leben aus.
Vieles bleibt also im Unklaren. Doch für uns hat das keine Bedeutung. Auf was es mir ankommt, ist nicht, die keltische

oder germanische Religion wiederzubeleben oder das Christentum infrage zu stellen, sondern darauf, dass all die alten Bräuche, woher sie auch stammen mögen, tiefe Wurzeln haben. Wurzeln, die uns mit unseren Vorfahren und mit der Natur verbinden. Das Spirituelle in uns geht nicht vom Kopf oder Verstand aus, es ist auch nicht abhängig von einem bestimmten Glauben – es ist etwas, das aus der Tiefe unserer Seele und aus unserer Verbindung mit unserer natürlichen Wesenheit kommt – und darüber hinausgeht: Das ewig Unerklärliche, das die Menschen als Götter, Geister, Über- oder Unterirdische, als belebte Kräfte der Natur versucht haben zu verstehen.

Diese Verknüpfung zwischen Natur, Spiritualität und unserem wahren menschlichen Sein zeigt sich in den »heiligen Tagen«, um die es in diesem Buch geht, besonders deutlich – wenn wir uns darauf einlassen und in uns hineinspüren. Die alten Bräuche und Feste sind nicht »beliebig«, sie sind Ausdruck dessen, was uns vielleicht in der Moderne verloren gegangen ist und was wir in der Tiefe unserer Seele vermissen.

Heidenfeste, Christenfeste

Der Großteil der christlichen Festtage stimmt im Jahreskalender erstaunlich genau mit den »heidnischen« Festtagen der Kelten und Germanen überein.
Das trifft auf jede der acht heiligen Zeiten zu, über die ich Ihnen in diesem Buch etwas erzählen möchte:

- Lichtmess und Imbolg, die Feste des Jahresbeginns
- Ostern und Ostara, die Feste der Frühjahrstagundnachtgleiche
- Pfingsten und Beltane, die Feste des Lebens und der Fruchtbarkeit
- Johannistag und Mittsommerfest, die Feste des längsten Tages
- Mariä Himmelfahrt und Lammas, die Feste des Hochsommers
- Erntedankfest und Herbsttagundnachtgleiche, die Feste der Dankbarkeit
- Allerheiligen und Samhain, im Gedenken an die Ahnen
- Weihnachten und Wintersonnwende, die Feier der Geburt der Hoffnung auf das Licht.

Es ist kein Zufall, dass sowohl die christlichen als auch die alten heidnischen Feste in etwa auf die gleichen Tage fallen. Das liegt vor allem daran, dass es die Missionare bei der Christianisierung den Menschen leichter machen wollten und an das Bestehende anknüpften.

Das Volk feierte die Wintersonnwende und das Julfest – also legte man Jesu Christi Geburtstag, den man ja ohnehin nicht genau kennt, kurzerhand auf diesen Festtag. Die alten Bräuche wurden uminterpretiert, aber umgekehrt wurden auch die christlichen Bräuche von den alten heidnischen Ritualen beeinflusst. Wer diese Zusammenhänge kennt, dem wird einiges verständlicher, was sonst rätselhaft bliebe: Was haben beispielsweise Ei und Hase mit Jesu Tod und Auferstehung zu tun? Warum schnitzen Christen an Allerheiligen Fratzenmasken in Kürbisse oder Rüben? Warum verkleiden wir uns im Karneval?

Natürlich ist der Anlass, Weihnachten zu feiern, ein ganz anderer als der für die Wintersonnwendfeier der Kelten. Christen gedenken der Geburt des Erlösers. Die Wintersonnwendfeier dagegen feiert ein astronomisches Naturereignis. Und doch: Wenn man ein wenig tiefer blickt, werden die Gemeinsamkeiten größer. Ostern, das Fest des Todes und der Auferstehung, und Ostara, das Fest der Frühlingstagundnachtgleiche, haben etwas gemeinsam, das auch jenseits der Religion gültig ist. Es wird eine Wende gefeiert – das Alte ist vorbei, und etwas Neues kündigt sich an.
Die tieferen spirituellen Themen sind im Wesentlichen die gleichen geblieben, da wir seit Menschengedenken mehr oder weniger vor die gleichen Daseinsfragen gestellt werden. Die christlichen und die heidnischen Feste stehen so gesehen nicht in Konkurrenz zueinander, sondern bereichern und durchdringen einander. Was wäre Ostern ohne Ostereier? Weihnachten ohne Baum? Der Johannistag ohne leuchtende Feuer?

Wenn ich Ihnen hier einiges zu unseren alten Bräuchen und über die großen keltischen Feste erzähle, so deshalb, weil ich es Ihnen ermöglichen möchte, den besonderen Tagen des Jahres noch mehr Tiefe und Sinn zu verleihen. Dabei geht es mir nicht darum, Sie mit unnötigem Wissen zu beladen, sondern Ihnen zu zeigen, wie Sie zusätzlich an Lebensqualität und innerer Zufriedenheit gewinnen, indem Sie die Traditionen mit neuem Sinn erfüllen.

Anhand des folgenden Bildes bekommen Sie einen ersten Eindruck vom zeitlichen Zusammenhang der Feste.

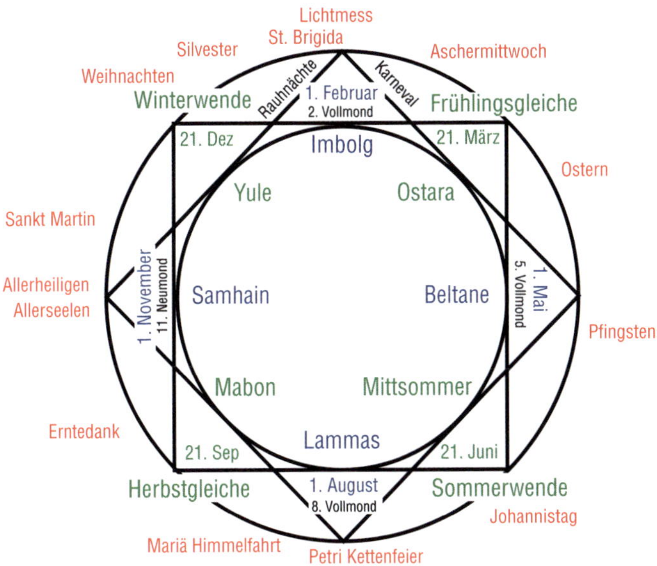

Glaube, Tradition und Natur

Die acht großen keltischen Feste haben immer mit dem Himmel und der Erde zu tun. Warum mit der Erde? Nun, die Feste sind mit Vorgängen in der Natur eng verbunden: die Zeit der Aussaat, die der Blüte, die Phase des Wachstums, die dann ihren Höhepunkt erreicht, wenn die Sonne am höchsten steht und die Tage wieder kürzer werden. Dann folgt die Erntezeit, bevor der Winter naht und die Sonne ihren tiefsten Stand erreicht, von dem aus es wieder heller wird und man dem Neuen entgegengeht.

Und warum mit dem Himmel? Weil die Anzeichen für das, was auf der Erde geschieht, am Himmel zu beobachten sind. Die acht großen Keltenfeste sind vier Sonnen- und vier Mondfeste. Anhand von Mond und Sonne zeigt uns der Himmel wie auf einer großen Uhr die Jahreszeiten und die wichtigen Zeitpunkte im Jahreslauf an.

Die Sonnenfeste sind Winter- und Sommersonnwende sowie Frühlings- und Herbst-Tagundnachtgleiche – wichtige Zeiten im Jahreslauf, die Veränderungen in der Natur und auch im Seelenrhythmus ankündigen. Während der Sonnwenden sind jeweils Höhepunkte erreicht: Der Tag der Sommersonnwende ist der längste Tag. Von da an werden die Tage kürzer – bis zur Wintersonnwende, dem kürzesten Tag des Jahres. Dann ist die dunkelste Zeit überwunden, und die Tage werden wieder länger. Die Tagundnachtgleichen sind ebenfalls besondere Zeiten: An diesen Tagen sind – Sie haben es sicher schon erraten, wenn

Sie es nicht ohnehin wussten – Tag und Nacht gleich lang. Das Dunkle und das Helle sind vollkommen im Gleichgewicht.
Mit den Mondfesten ist es etwas komplizierter. Jeder Vollmond war bei unseren Vorfahren ein besonderer Tag. Doch die drei großen Vollmondfeste waren Imbolg, der zweite Vollmond nach der Wintersonnwende, Beltane, der fünfte und Lammas, der achte Vollmond nach der Wintersonnwende. Schließlich gab es noch Samhain, den elften Neumond im Jahr.
Da unser Kalender ja ein Sonnen- und kein Mondkalender ist, fallen diese Feste immer wieder auf andere Kalendertage. Die meisten Menschen, die sie heute feiern, haben die Termine der Einfachheit halber auf ein genaues Datum gelegt – so dass wir heute am 1. Mai feiern, anstatt uns genau nach dem Mond zu richten. Der 1. Mai liegt *ungefähr* um die Zeit des fünften Vollmondes nach der Wintersonnwende. Das macht es leichter für uns zu planen. Aber es geht auch ein wenig dabei verloren, wenn die Mondfeste nicht mehr dem Lauf des Mondes entsprechen.
Das klingt etwas kompliziert. Aber Sie kennen ganz bestimmt Feste, die sich nach dem Mond richten: Alle Feste des Osterfestkreises werden über einen sogenannten Lunisolarkalender bestimmt – der Ostersonntag ist immer der Sonntag nach dem ersten Frühlingsvollmond. Ein Blick an den Himmel genügt …

Ist es nicht erstaunlich, dass viele von uns gar nicht mehr wissen, wann Voll- und wann Neumond ist? Ich kann mich noch gut erinnern, wie meine Eltern bei allem, was auf dem Hof geschah, auf den Mond achteten. Natürlich brachten sie das nicht mit dem Glauben der Kelten in Verbindung, doch es war Teil ihrer Tradition. So hatten es schon ihre Großeltern und deren Eltern gemacht. Traditionen werden selten hinterfragt. So erfuhr ich erst viel später, dass viele unserer Bräuche uralte Wurzeln haben. Das ist nicht nur interessant, sondern hilft uns, die alten Bräuche wirklich zu verstehen. Nicht mit dem Kopf allein – warum sollten wir auch genau wissen, welche Feste die alten Kelten wann feierten? Es geht um das Verstehen mit dem Herzen: Warum feiern wir überhaupt? Was soll das in uns bewirken? Wie stehen wir mit der Natur in Verbindung?

Die Beschäftigung mit diesen Fragen ist wichtig, um uns und die Welt ein wenig besser verstehen zu können. Manche Bräuche und Traditionen erscheinen uns seltsam oder überflüssig oder abergläubisch. Dann lässt man das Feiern sein, lässt das Alte fallen oder sieht es als reine Spaßveranstaltung. Spaß ist nichts Schlechtes, aber man verliert etwas, wenn dabei die tiefe spirituelle Erfahrung leidet. Klarheit, Freude und Erkenntnis bringen uns langfristig mehr Glück als Spaß allein.

Natürlich freut sich jedes Kind über Geschenke. Auch wir haben uns als Kinder »narrisch« über die »Packerl« gefreut, die wir zu Weihnachten bekamen. Doch die eigentliche Magie lag in dem Zauber, der dem Weihnachtsfest eigen ist: das Wunder der Geburt von Jesus, die Geschichte von Maria und Josef, die schließlich in einem Stall wohnen mussten, der geheimnisvolle Besuch der Heiligen Drei Könige ... Ist es nicht traurig, dass viele Kinder den Zauber des Weihnachtsfestes kaum noch kennen und sich alles nur noch darum dreht, ob das gewünschte Computerspiel unter dem Tannenbaum liegt? Ähnlich ist es mit den alten Festen, deren Bräuche heute noch mitschwingen, wenn wir Ostern oder die Sommersonnwende feiern. Wenn wir gar nicht mehr verstehen und vor allem auch nicht mehr fühlen, warum wir feiern, geht etwas verloren. Es ist freilich schön, mit vielen um das Johannisfeuer zu tanzen. Doch wenn es nur eine beliebige »Party« ist, fehlt der wahre Sinn. Und damit die tiefe Freude, das Geheimnis und die Chance zu innerem Wachstum.

Das lebendige Wissen um die Zusammenhänge zwischen Mond und Natur geriet im Laufe der Zeit immer mehr in Vergessenheit. Die Technik schien anfänglich viel interessanter als die Natur zu sein. Wozu sollte man auf den Mond und die Sonne achten? Wenn es kalt wurde, drehte man eben die Heizung auf, und wurde es dunkel, das Licht. Und das ist ja auch faszinierend – wer von uns möchte schließlich die vielen Annehmlichkeiten der modernen Welt missen?

Die Frage ist aber: Wollen wir wirklich auf die Möglichkeiten verzichten, die in unseren spirituellen Traditionen verborgen liegen? Und warum sollten wir das tun? Sie stehen ja nicht im Gegensatz zu unserem heutigen Leben, sondern bereichern es. Schon möglich, dass uns manch technische Errungenschaft gar nicht mehr so wichtig erscheint, wenn wir zu feiern wissen und die Spiritualität in unser Leben einladen. Warum sollte man beispielsweise kein Mobiltelefon haben? Es ist ja mitunter sehr nützlich. Aber es ist auf jeden Fall eine gute Sache, wenn man auch ohne so ein Gerät leben kann und nicht gleich verzweifelt, wenn man mal nicht erreichbar ist …
Seit einigen Jahren schauen die Menschen wieder genauer hin. So schön, angenehm und nützlich die vielen Erfindungen auch sein mögen – man kommt nicht an der Einsicht vorbei, dass sie uns letztlich niemals allein zu glücklichen, zufriedenen, in sich ruhenden Menschen machen können.
Ich finde es sehr schön, dass sich viele Menschen wieder auf ihre Familie und ihre Gefühle ausrichten, auf ein Leben mit etwas weniger Hetze, mit etwas mehr Spiritualität. Es ist ja nicht nur so, dass der einzelne Mensch für sich gewinnt, wenn er seinem Leben spirituelle Tiefe gibt. Die Traditionen, die Feste, das gemeinsame Feiern nicht als Zwang zu sehen, sondern als Gelegenheit, seine Seele zu wärmen, verbindet Menschen und gibt ihnen, was in der modernen Welt häufig so sehr fehlt: Geborgenheit.

Die Macht der Rituale

Bei »Ritual« denken manche Menschen an etwas Unheimliches, das in der Nacht und unter großer Geheimhaltung passiert. Dabei sind Rituale lediglich achtsam durchgeführte Handlungen, die nach bestimmten Regeln ablaufen. Sie kennen sicherlich viele feierliche Zeremonien: beispielsweise den Ablauf des Gottesdienstes, einer Hochzeit oder die Weihnachtsfeier. Es gibt aber auch »kleine Rituale«, die in einer Dorfgemeinschaft, einer Familie oder auch nur von einem selbst durchgeführt werden. Wozu sind aber Rituale überhaupt gut?
Das Wichtigste ist vielleicht, dass sie Halt und Orientierung vermitteln. Nachsinnen ist sicherlich etwas Bedeutsames – doch nur in einer Welt, die ausschließlich aus Philosophen und Denkern besteht, kann das Nachdenken und Nachspüren allein ein Wegweiser sein. Rituale helfen hingegen ganz konkret dabei, die Feierlichkeit des Augenblicks zu erfahren und sich der Bedeutung intuitiv bewusst zu werden. Rituale sind Wegweiser auf dem spirituellen Weg. Jeder Mensch ist ein Individuum und als solches einzigartig – Rituale helfen aber, das Gemeinsame und Verbindende zu spüren, und erlauben es Menschen, sich mit den grundlegenden Fragen menschlicher Existenz auseinanderzusetzen.

Für Kinder sind Rituale unverzichtbar. Am Anfang jedes Lebens stehen immer das Staunen, die Neugier und der Wunsch nach Orientierung. Und daraus entsteht dann ein gefühlsmäßiges Erfassen der Welt – das Sich-Gedanken-Machen kommt erst viel später. Wenn Kinder mit Ritualen aufwachsen, fällt es ihnen leichter, die Regeln der Gemeinschaft, in der sie leben, in sich aufzunehmen. Manche Rituale helfen Kindern (und Erwachsenen!) auch einfach dabei, alltägliche Dinge in einer festen Ordnung und als gute Gewohnheit durchzuführen:

- Das Zähneputzen, das Händewaschen vor dem Essen und andere kleine Rituale machen die persönliche Sauberkeit zur Gewohnheit.
- Das Tischgebet vor der Mahlzeit fördert die Haltung der Dankbarkeit und das Begreifen, dass Nahrung nicht selbstverständlich ist. Man verinnerlicht, nicht sofort alles Essbare in sich hineinzustopfen, sondern mit dem Essen zu warten, bis alle Familienmitglieder am Tisch sitzen.
- Das Gutenachtgebet und das Vorlesen einer Gutenachtgeschichte machen es Kindern leichter, sich auf das Zubettgehen zu freuen und angstfrei einzuschlafen.
- Auch in der Schule sind Rituale sinnvoll, um nicht jeden Tag aufs Neue vom Chaos zur Ordnung finden zu müssen. Das Aufstehen und Grüßen, wenn der Lehrer hereinkommt, setzt einen kurzen Ordnungsimpuls – und das anschließende Sprechen des Schulgebets, das früher üblich war, half Kindern, ein Stückchen innere Stille zu finden und aufnahmebereit für das Lernen zu werden.

Die festlichen Rituale der heiligen Tage gehen über das Alltägliche natürlich weit hinaus. Hier stellen wir die »großen Fragen« nach den Geheimnissen des Lebens und Sterbens. Dabei hilft es den meisten Menschen, wenn sie sich nicht jedes Mal eine völlig neue Art überlegen müssen, wie sie das Weihnachtsfest gestalten sollen. Das Aufstellen des Baums, der Krippe, der Kirchgang geben einen möglichen Rahmen vor. Stellen Sie sich vor, jedes Weihnachtsfest würde anders gestaltet. Jedes Mal würde aufs Neue darüber nachgedacht, welchen Sinn es hat und wie man feiert. Sicher gehört das Nachdenken über den Sinn des Ganzen fest dazu – doch ohne Rituale geht der Zauber verloren, der das Herz berührt. Sie bereichern unser Leben.

Die Rituale, die ich Ihnen in diesem Buch vorstellen möchte, haben ihre Wurzeln teilweise im Christentum, im alten Volksglauben, in den vorchristlichen Glaubensvorstellungen der Kelten und Germanen und in Sagen und Mythen. Das bloße »Nachspielen« dessen, was früher war, genügt jedoch nicht. Die Welt ist, ob man das nun begrüßt oder bedauert, vielfältiger und verwirrender geworden. Umso mehr besteht die Herausforderung darin, nach eigenen Wegen zu suchen und dabei unsere ganz eigene Form von Zeremonien zu finden, die zu unserem Wesen und unseren Bedürfnissen passt. Rituale helfen uns dabei, sowohl Gewohnheiten auszuprägen als auch Alltagsgewohnheiten zu durchbrechen. Im Gegensatz zu der oft sehr oberflächlichen Routine des Alltags geht es im Ritual darum, durch eine symbolhafte Handlung etwas Größerem Ausdruck zu verleihen. Dadurch verbinden wir uns mit einer höheren Sphäre, ganz gleich, ob es uns dabei um den Kontakt zur Natur, zu unserem höheren Selbst oder zum Göttlichen geht. Rituale sollten einen spirituellen Charakter haben.

Bei allen Ritualen ist die innere Haltung von großer Bedeutung – und andersherum unterstützen Rituale die innere Haltung. Ein Ritual ist eine kleine Feier, die auch entsprechend würdevoll begangen und nicht »abgespult« werden sollte. Würdevoll heißt ganz bewusst, achtsam und auf das Ritual konzentriert. Das wirkt sich sehr wohltuend und reinigend auf die Seele aus: Die Sammlung und Ausrichtung auf das Ritual lässt Sorgen, Ängste und Probleme in den Hintergrund treten.
Rituale werden durch Wiederholung zu Ritualen. Es ist überhaupt nicht nötig, Perfektion in der äußeren Handlung anzustreben. Die geistige Ausrichtung ist es, die zählt. Je öfter Sie das Ritual durchführen, sei es eine Räucherung oder eine Besinnungsübung, desto mehr wird es selbstverständlich, und die Handlung selbst wird leicht. Die Aufgabe besteht dann darin, weiterhin mit ganzem Herzen dabei zu sein und das Ritual nicht zu einer leeren äußeren Pflichtübung werden zu lassen.
Denken Sie immer daran, dass ein Ritual kein Selbstzweck ist. Es hilft uns dabei, uns zu orientieren, den Geist für das Erhabene zu öffnen, unser Ich für eine Weile hintanzustellen und spirituell zu reifen. Nicht das Ritual ist heilig, sondern das, was dahintersteht.

Besinnungs-, Räucher- und Erkenntnisrituale

Ich möchte Ihnen nun kurz ein paar Formen von Ritualen vorstellen, die Sie zu ganz unterschiedlichen Gelegenheiten und nicht nur zu einem bestimmten Festtag durchführen können.

Besinnungsrituale nennt man auch »Meditation«. Ich habe in meinem Buch »Das Wunder der Rauhnächte« oft von Meditation gesprochen – und manche Leser kritisierten, dass ich fernöstliche Methoden in einem Buch über unsere Traditionen beschrieben habe. Deshalb verwende ich hier das Wort »Besinnungsritual«. Auch wenn es ein Missverständnis ist, dass die Meditation aus dem fernen Osten kommt. Menschen in allen Kulturen und zu allen Zeiten haben immer wieder erkannt, wie wertvoll es ist, sich hinzusetzen und seine umherspringenden Gedanken ruhig werden zu lassen. Es ist schon wahr, dass Meditation im Osten eine lange Tradition hat – beispielsweise im Buddhismus. Und warum nicht von anderen Kulturen lernen? Nur gibt es »Besinnungsrituale« auch schon lange bei uns. Ich bin mir sicher, auch Sie kennen eines: das Gebet. Auch Beten ist, wenn es nicht achtlos und oberflächlich abgespult wird, eine Besinnungsübung. Das meint die Bibel mit: »Sei nicht schnell mit deinem Munde und lass dein Herz nicht eilen, was zu reden vor Gott.« (Prediger 5:2) Für einen Gläubigen ist das Gebet natürlich mehr als nur Besinnung, als Meditation. Aber es ist auch Meditation – sonst ist es kein Gebet. Denn ein Gebet, das nur über die Lippen kommt, nicht aber aus dem Herzen, ein Gebet, in dem man sich nicht auf Gott oder das Göttliche in der

eigenen Seele konzentriert, ist eben nur Geplapper. Und auch die christliche Übung der Kontemplation ist eine Form der Meditation.
Wir können uns jedoch auch auf andere Art und Weise besinnen – indem wir das Heilige in uns selbst oder der Natur betrachten. Oder indem wir einfach beobachten, was um uns geschieht, ohne darüber nachzudenken, ohne zu urteilen. Dass dies keine einfache Übung ist, werden Sie feststellen, wenn Sie es ausprobieren. Aber Sie werden auch merken, wie gut Besinnungsübungen sind, um im Geist Stille zu erfahren, um sein Herz zu öffnen und seine Seele weit werden zu lassen.

Um was geht es nun bei Besinnungsübungen oder Meditationen? Der Kern einer jeden Besinnungsübung besteht darin, sich zu sammeln, anstatt sein Bewusstsein, wie es im Alltag oft der Fall ist, hin- und herspringen zu lassen. Eine Besinnungsübung ist auch ein kleines Ritual: Sie setzen sich hin, richten Ihren Geist auf den Gegenstand der Besinnung und kehren immer wieder dorthin zurück, wenn die Gedanken oder Gefühle davontreiben. Zunächst scheint das manchmal aussichtslos: Gedanken drängen sich auf, Erinnerungsbilder erscheinen, und Gefühle kommen plötzlich hoch. Das macht alles nichts; gerade dann wieder »zur Besinnung« zu kommen, darin besteht ja die Übung. Ganz wichtig ist es, Besinnung nicht mit Tagträumerei oder Nachdenklichkeit zu verwechseln. Eine Besinnungsübung ist keins von beidem: Sie lassen sich nicht treiben, denken aber auch nicht nach – Sie sehen nur, was ist, und richten Ihre Auf-

merksamkeit auf den Gegenstand der Besinnung.
Ich empfehle Ihnen, während der Besinnungsrituale zu sitzen – ob auf einem Stuhl, einem Schemel oder auf dem Boden ist dabei nicht so wichtig. Wichtig ist, dass Sie die Augen schließen, den Rücken gerade halten, Gesicht und Schultern entspannen und sich in Ihrer Körpermitte »niederlassen«. Achten Sie darauf, den Atem immer frei fließen zu lassen.

Der Ablauf eines solchen Besinnungsrituals könnte so aussehen:

- Setzen Sie sich mit geradem Rücken hin. Sie können das zu Hause tun, am frühen Morgen im Wald oder Park, abends am Fluss. Besinnungsrituale in freier Natur sind kraftvoller.
- Schließen Sie die Augen und kommen Sie innerlich zur Ruhe. Entspannen Sie Ihren Körper, so gut es Ihnen im Augenblick gelingt. Achten Sie vor allem darauf, Schultern und Gesicht locker zu lassen.
- Atmen Sie ganz natürlich und ohne einzugreifen. Spüren Sie, wie Ihr Atem allmählich tiefer und weicher wird. Schließen Sie die Augen.

- Beginnen Sie damit, sich auf das Lauschen auszurichten. Was hören Sie in diesem Augenblick? Vielleicht hören Sie in der Ferne einen Hund bellen, vielleicht dringt Musik oder das Murmeln gedämpfter Gespräche aus der Nachbarwohnung, vielleicht knarrt der Boden, oder die Heizung macht Geräusche.
- Alles, was Sie wahrnehmen, lassen Sie einfach auftauchen und vorüberziehen, ohne es festzuhalten. Bewerten Sie es nicht, ordnen Sie es nicht in »willkommen« oder »lästig« ein. Bemühen Sie sich nicht darum, etwas wahrzunehmen. Lassen Sie es geschehen.
- Wenn Sie nun etwas länger lauschen, werden Sie bemerken, dass Sie immer mehr wahrnehmen. Vielleicht nehmen Sie nun auch Geräusche von innen wahr: das Schlucken, den Atem, die Verdauung.
- Versenken Sie sich nun noch etwas tiefer und lauschen Sie den nur für Sie hörbaren Gedanken und Gefühlen, die einen Hintergrund für alles andere bilden. Auch diese inneren Klänge lassen Sie einfach kommen und gehen ... und werden allmählich ganz still.
- Beenden Sie das Besinnungsritual, indem Sie sich langsam wieder auf Ihre Körperhaltung konzentrieren und dann die Augen öffnen.

Bei diesem kleinen Ritual war das Thema »In die Stille lauschen«. Sie können aber auch andere Themen als Gegenstand der Besinnung nehmen – Ihren Körper, Ihre Atmung, Ihre

Gefühle und natürlich auch die heiligen Tage. Wichtig ist immer: das Nachdenken bleiben lassen, das aufmerksame Wahrnehmen pflegen und nicht eingreifen, nicht beurteilen. Besinnungsrituale können viel dazu beitragen, zu Gelassenheit und Verbundenheit zu gelangen – und sich dem tieferen Sinn des Lebens zu nähern.

Räucherrituale

Das Räuchern gehört wohl zu den ältesten Ritualen, die es gibt. Ob in den Tempeln der alten Hochkulturen im Zweistromland oder in den griechischen Tempeln, ob in Indien oder China – und auch heute noch in unseren Kirchen. In der Liturgie der katholischen Kirche hat Weihrauch einen festen Platz. Es wird vor allem in der heiligen Messe geräuchert, aber auch zur Verehrung des Allerheiligsten oder bei Prozessionen. Auch alle Symbole Christi – wie der Altar, das Evangeliar, das Altarkreuz, die Osterkerze und die Weihnachtskrippe – werden mit Weihrauch gereinigt. Mit Weihrauchfass und Weihrauchschiffchen verteilen zwei Ministranten den erhebenden Duft.

Aber auch zu Hause wurden zu besonderen Anlässen Räucherrituale durchgeführt. Das Räuchern sollte Stube und Stall reinigen. Das »Reinigen« hatte eine doppelte Bedeutung: Einmal wurde durch den Rauch tatsächlich das

Ungeziefer vertrieben, doch das Räucherritual reinigte auch auf geistiger Ebene. Die besonderen Natursubstanzen, die beim Räuchern verbrannt werden, wie beispielsweise Weihrauch, Wacholder oder Myrrhe, wirken unmittelbar auf unsere Seele. Der Geruchssinn ist der älteste unserer Sinne – und Düfte sind immer mit Gefühlen verbunden. Ist es Ihnen nicht auch schon einmal passiert, dass ein Geruch Sie in die Vergangenheit entführt und warme, angenehme Erinnerungen hervorgerufen hat? Mir geht es immer so, wenn ich Zimt, Bienenwachs und Baumharz rieche: Sofort erlebt ein Teil meiner Seele wieder den Zauber des Weihnachtsfestes in meiner Kindheit.

Die Düfte des Räucherns öffnen die Seele. Doch das Zeremoniell selbst ist mindestens ebenso wichtig. Jeder einzelne Schritt der Räucherung verleiht dem Ritual mehr Tiefe.

Wie Sie ein Räucherritual durchführen können, habe ich auf Seite 46 beschrieben, da Räucherrituale ein wichtiger Bestandteil des Rauhnacht-Brauchtums sind. Nicht umsonst hießen die Rauhnächte auch »Rauchnächte« ...

Erkenntnisrituale

Manche Rituale eignen sich besonders gut, um zu neuen Einsichten zu gelangen, diese nenne ich »Erkenntnisrituale«. Indem wir einen bestimmten Teil unserer Welt ganz in den Mittelpunkt unserer Aufmerksamkeit stellen, gewinnen wir an Einsicht. So hilft uns das »Ahnentischchen« (Seite 203) dabei, uns unserer Wurzeln und unserer Vorfahren bewusst zu werden und den Wert des Überlieferten zu begreifen. Oder wenn wir unter etwas leiden, das uns von anderen zugefügt wurde, hilft uns das »Ritual des Verzeihens« (Seite 63), wieder ins Reine mit uns selbst zu kommen.

Zu den Erkenntnisritualen gehört auch das, was man meist »Orakel« nennt. Doch wenn Sie selbst ein Orakel erstellen – beispielsweise beim Bleigießen an Silvester –, führen Sie in Wirklichkeit ein Ritual durch! Und je bewusster und hingebungsvoller Sie dies tun, desto erkenntnisreicher wird es für Sie. Beispiele für Orakelrituale finden Sie auf den Seiten 70, 240 und 246.

Und nun wollen wir uns die »heiligen Zeiten« einmal genauer ansehen. Und welche Zeit eignete sich besser für den Anfang als die Zeit der Rauhnächte, die »geschenkte Zeit« zwischen den Jahren …

Rauhnächte

Die Zeit zwischen den Jahren

Die dunkelste Zeit des Jahres hat etwas ganz Besonderes. Es ist »die Zeit zwischen den Jahren« – das alte Jahr ist noch nicht zu Ende, und das neue Jahr hat noch nicht ganz begonnen. Früher waren den Menschen die Rauhnächte oft sehr unheimlich. Der Wind heulte, es war dunkel und kalt – das Feuer war lebenswichtig. Die Ängste und das Gefühl, durch eine besondere Zeit zu gehen, fanden ihren Ausdruck in gruseligen Geschichten. Das Wüten des Windes wurde zum Heulen von Dämonen und Geistern, die Schemen im Schneesturm wurden zu Hexen und überirdischen Gestalten. Den Ängsten einen Namen zu geben half, sie zu besiegen oder zumindest etwas Gutes für sich selbst daraus zu ziehen: In der Zukunft würde man besser und anständiger leben, um besser gegen den Ansturm der Geister gewappnet zu sein.

Die Rauhnächte sind eine Zeit, die sehr dazu einlädt, über das bisherige Leben Rechenschaft abzulegen. Der Rückzug in die Stille wird durch die Natur aufgezwungen – das große Fest Weihnachten und die Wintersonnwende geben dieser Zeit einen spirituellen Aspekt, der nahelegt, sich zu besinnen. In dieser geheimnisvollen Zeit steht das Leben in der Natur still und ist nach innen gekehrt. Gerade den Menschen, die noch mit der Natur verbunden sind, ist es ein Bedürfnis, diese Impulse aufzunehmen und sich ebenfalls nach innen zu wenden – in der freudigen und bangen Erwartung des baldigen Erwachens. Diese Stimmung hilft uns, unser Gespür für das Wesentliche, das den Augen so oft verborgen bleibt, zu schärfen.
Noch vor hundert Jahren waren die Rauhnächte für viele ein spiritueller Höhepunkt des Jahres. An dunklen, kalten Wintertagen bot sich reichlich Gelegenheit, Zeit mit der Familie zu verbringen, sich zu besinnen, Geschichten zu erzählen und die Weichen für die Zukunft neu zu stellen. Vor allem aber bot sich auch die Möglichkeit, lauschend und spürend Kontakt zu der Welt der Ahnen, der Geister und Naturwesen aufzunehmen und »die Zeichen zu deuten«. Die Rauhnächte, insbesondere die Silvesternacht, auf die ich zum Ende des Buches ausführlich zu sprechen kommen werde, waren seit jeher die Zeit, Orakel zu befragen.

Bei uns daheim war die Zeit zwischen den Jahren immer etwas ganz Besonderes. Mit Spannung erwarteten wir das kommende Jahr, und die leicht unheimliche Atmosphäre der Rauhnächte war für uns Kinder sehr anregend. Wir fürchteten uns zwar ein wenig vor den Wesen der Nacht – doch das Gruseln war nicht dasselbe wie Angst: Es war die Ehrfurcht vor dem, was für die Augen unsichtbar ist.

Während der Rauhnächte war meine Großmutter – noch mehr als sonst – die unangefochtene Autorität. Ihr entging nicht die kleinste Kleinigkeit. Sie wusste genau, ob und wie viel es schneien würde, ob sich die Sonne zeigen würde oder ob es Nebel oder Wind gäbe. Wie heute im Fernsehen der Wetterbericht, nur zuverlässiger. Aber was der Wetterbericht auch heute nicht leistet, gelang meiner Großmutter: Sie konnte nicht nur sagen, wie das Wetter der nächsten Tage würde, sondern sie wusste auch, was das jetzige Wetter über das neue Jahr verriet.

Wir spürten an ihrem Verhalten deutlich, dass die Rauhnächte wichtig waren. Großmutter war nie empfindlich, was lärmende, spielende Kinder betraf – doch in den Rauhnächten wies sie uns immer wieder zurecht, wenn wir unnötig laut wurden. Vor allem wenn wir Kinder uns stritten, ermahnte sie uns, da Streit während der Rauhnächte Unheil für die Zukunft verheißt. Sie ließ auch nicht zu, dass in dieser Zeit Karten gespielt wurde oder dass es Unordnung im Haus gab. Und sie war es auch, die die Aufgabe übernahm, die Räucherungen in den Ställen und in der Stube durchzuführen.

Heute wird so viel auf den logischen Verstand gehalten – obwohl doch das Wesentliche heute so wunderbar und geheimnisvoll ist wie eh und je. Die alten Bräuche aufzugeben ist kein Fortschritt.

Als ich ein Kind war, war dieser angebliche Fortschritt noch nicht so weit vorgedrungen; in unserem Dorf wurden die Bräuche der Rauhnächte so begangen wie immer. Die Menschen vertrauten darauf, dass ihnen in dieser Zeit die Bräuche dabei halfen, die Zeichen in der Natur während der »Niemandszeit« richtig zu deuten. Und das war wichtig für das kommende Jahr; daran bestand kein Zweifel. An den langen, dunklen Abenden versammelte man sich vor dem Kamin – ein wohliges Gefühl der Wärme und Geborgenheit machte sich breit, während draußen Eiseskälte herrschte. Man erzählte sich Sagen und Geschichten, die meist ein wenig unheimlich waren, aber in der geborgenen Umgebung eher halfen, Ängste zu überwinden. Hexen, Geister, die wilde Berchta und die Wilde Jagd, Gespenster – ja, das war gruselig, doch auch das gehörte zum Leben, und die Geschichten gaben immer auch Anlass zum Nachdenken und verrieten, wie man sich verhalten sollte, um den Gefahren zu entgehen. Es waren auch Lehrstunden für uns Kinder – wir lernten die alten Bräuche, die moralischen Werte, die für die Gemeinschaft wichtig sind, und vor allem, dass es immer auch etwas Unerklärliches gibt, etwas, das wir vielleicht nicht verstehen, aber deswegen nicht geringschätzen sollten. Ich glaube, dass das wichtige Lehren waren.

Die Bedeutung der zwölf Rauhnächte

Die Rauhnächte sind eine Zeit, in der Sie sich ein wenig vom Alltäglichen lösen und einen – nicht unbedingt umfassenden und alles verändernden – neuen spirituellen Weg einschlagen können. In der Natur ist Ruhe eingekehrt – eine gute Gelegenheit, selbst still zu werden und sich wieder stärker mit dem Rhythmus der Natur zu verbinden. Gerade in dieser modernen Zeit, die von Hektik, Geschwindigkeit und Stress durchdrungen ist, tut es gut, sich wieder auf das Wesentliche zu besinnen, nach innen zu spüren und der Seele eine Ruhepause zu gönnen. Ob nun Schnee fällt oder Regen, ob bittere Kälte oder nur trübes Grau vorherrscht: Sehen Sie mit Gelassenheit hin und nehmen Sie es an – gehen Sie nach draußen in die Kälte, die Nässe oder Dunkelheit und sei es nur für einen kurzen Spaziergang. Genießen Sie die Rückkehr in die warme Stube und blicken Sie von innen nach außen.

Die Rauhnächte hatten früher eine offensichtlichere Kraft als heute, wo elektrisches Licht und Zentralheizung den Menschen die Natur nicht mehr spüren lassen. Daher ist es wohl nötig, ein wenig zu erklären, warum diese Zeit etwas so Besonderes ist. Spirituelle Menschen konnten früher deutlich spüren, wie sich in den Rauhnächten die Tore zur geistigen Welt weiter öffnen und leichter durchschritten werden können als zu anderen Zeiten. Das waren keine »Hirngespinste«, sondern das hängt mit dem Geschehen in der Natur zusammen – und mit dem Mondkalender, der unseren Vorfahren heilig war.

Der Mond braucht 29 ½ Tage von Neumond zu Neumond. Zwölf Monate sind also 354 Tage – ein Mondjahr. Darauf beruhte der alte Mond- oder Lunarkalender. Nun braucht die Sonne aber länger, um wieder an derselben Stelle am Himmel zu stehen: nämlich etwa 365 Tage – ein Sonnenjahr.

Die Rauhnächte hängen mit der Notwendigkeit zusammen, den älteren Mond- oder Lunarkalender mit dem Sonnenkalender in Einklang zu bringen. Die elf Tage und zwölf Nächte, die die Lücke vom Mondjahr zum Sonnenjahr mit seinen 365 Tagen füllen, wurden früher als »die toten Tage« oder »die Zeit außerhalb der Zeit«, »die Zeit zwischen den Jahren« bezeichnet. Somit sind die Rauhnächte weder den Gesetzen der Sonne noch denen des Mondes unterworfen. Und daher wurden diese Tage und Nächte in der Zeit unserer Großeltern und schon lange davor als »geschenkte Zeit« angesehen.

Einstimmung und Vorbereitung auf die Rauhnächte

Am sinnvollsten ist es, bereits in der Vorweihnachtszeit damit zu beginnen, sich auf die Rauhnächte einzustimmen. Das ist nicht so schwer – zwar herrscht heute ein gewisser »Weihnachtsstress«, doch auch die Moderne kann den Zauber der Adventszeit nicht ganz zunichtemachen. Dabei helfen die bewährten Rituale: das sonntägliche Anzünden der Kerzen auf dem Adventskranz, das Basteln eines Adventskalenders und das tägliche Ritual des Öffnens einer Tür im Adventskalender, das Backen der Weihnachtsplätzchen und die Weihnachtsbaumsuche ... All das muss ja nicht stressbeladen sein, sondern kann zu einer Quelle der Besinnung und Vorfreude werden, wenn Sie es mit einer würdigen, ruhigen und achtsamen Haltung ausführen. Der Advent ist dazu da, sich vorzubereiten, auch spirituell. In erster Linie auf das Weihnachtsfest – aber auch auf die kommenden Rauhnächte.

Über das Räuchern

Gerade das Räuchern ist ein altes, bewährtes Ritual, um sich auf das Festliche, Besondere, Würdevolle einzustimmen. Ein Dichter des Spätmittelalters, Sebastian Franck, schrieb dazu 1534, vor fast 500 Jahren:

»*Die zwolff naecht zwischen Weihenacht und Heyligen drey Künig tag ist kein hauß das nit all tag weiroch rauch in yr herberge mache für alle teüfel gespens und zauberey.*« Man würde heute sagen: »In den zwölf Nächten zwischen Weihnachten und den Heiligen Drei Königen gibt es kein Haus, an dem die Räume nicht mit Weihrauch gegen böse Geister und Zauberei geräuchert werden.«

Während der Rauhnächte waren es nicht nur die Priester, sondern auch die Bauern oder Bäuerinnen, die die Stuben und die Ställe durch Räucherungen reinigten. In Räucherzeremonien werden oft Gebete oder beschwörende Formeln gesprochen. Alle anwesenden Menschen und Tiere erhalten den Segen. Beim Räuchern werden neben Harzen und Hölzern auch getrocknete Rinden, Kräuter und andere Pflanzenteile verbrannt, beispielsweise:

- Weihrauch – energetisierend, schützt und reinigt, öffnet das Tor in die spirituelle Welt
- Wacholder – erhöht die Achtsamkeit, schützt vor schädigendem Einfluss
- Beifuß – kräftigt Körper und Seele
- Kiefernharz – vertieft die Atmung, regt den Organismus an
- Tanne – weckt die Lebensfreude, schenkt Klarheit
- Weißer Salbei – beruhigt den Geist, wirkt reinigend
- Thymian – desinfiziert und reinigt
- Myrrhe – lässt negative Gefühle zur Ruhe kommen
- Kampfer – verbessert die Konzentration.

Das Räucherritual

- Setzen Sie sich vor Ihre Räucherschale und kommen Sie zur Ruhe. Falten Sie die Hände vor der Brust und schließen Sie die Augen. Atmen Sie zwölfmal entspannt ein und aus.
- Öffnen Sie die Augen, und entzünden Sie nun die Kohle. Sobald sie glüht, geben Sie etwas von Ihrer Räuchermischung darauf. Warten Sie, bis sich ein aromatischer Rauch bildet. Nehmen Sie nun die Räucherschale und schreiten Sie alle Räume Ihrer Wohnung oder Ihres Hauses ab. Beginnen Sie an der Haustür – und schreiten Sie von unten nach oben im Haus und im Uhrzeigersinn fort.
- Vertrauen Sie auf Ihr Gefühl und bleiben Sie an Stellen, wo Sie spüren, dass sie der spirituellen Reinigung stärker bedürfen, so lange, wie es Ihnen richtig erscheint. Nehmen Sie sich Zeit, und versuchen Sie nicht, es möglichst schnell zu machen.
- Wo Sie begonnen haben, beenden Sie das Ritual auch wieder – an Ihrer Haustür. Stellen Sie die Schale ab, schließen Sie die Augen, falten Sie die Hände vor der Brust und danken Sie allen, mit denen Sie sich verbunden fühlen.
- Sie können das Räucherritual natürlich auch gemeinsam mit anderen, beispielsweise mit Ihren Familienmitgliedern, durchführen. Das ist besonders schön. Bilden Sie dann zum Abschluss einen Kreis, fassen Sie sich an den Händen, und lassen Sie jeden einen Segenswunsch sprechen.

Abschließen und verabschieden

Es gibt einige wichtige Dinge, die Sie tun sollten, um sich geistig auf die besinnliche Zeit der Rauhnächte und den Neubeginn vorzubereiten:

- Bringen Sie alle Dinge zurück, die Sie sich dieses Jahr ausgeliehen haben.
- Bezahlen Sie Geld zurück, das Sie anderen noch schulden. Überlegen Sie, ob noch alte Rechnungen offen sind, und begleichen Sie diese. Machen Sie reinen Tisch und befreien Sie sich von Altlasten.
- Schaffen Sie schon vor Weihnachten Ordnung im Haus. Räumen Sie Ihre Zimmer in einer ruhigen, meditativen Stimmung auf. Fangen Sie nicht an, die Garage oder den Keller zu sortieren – es geht nicht um Perfektion, sondern um eine klare, ruhige Atmosphäre.
- Versuchen Sie, Probleme mit anderen Menschen aus dem Weg zu räumen. Sprechen Sie sich mit Freunden, Ihrem Partner oder Ihren Kindern aus, wenn es noch Dinge gibt, die Ihre Beziehungen belasten.

Die Rauhnächte sind eine Zeit der Einkehr. Das heißt auch, dass es sehr sinnvoll ist, sich wichtige Fragen über sein Leben und seine spirituelle Entwicklung zu stellen. Solche Fragen könnten lauten:

- Wer bin ich?
- Was ist meine Aufgabe in der Welt?
- Was bewegt mich wirklich?

- Was sind meine Ziele?
- Worin sehe ich den Sinn des Lebens?

Natürlich sind das nur Beispiele. Horchen Sie in sich hinein, welche Fragen wichtig für Sie sind – ich bin mir sicher, Sie werden es spüren, wenn Ihnen eine solche Frage begegnet. Vielleicht fragen Sie sich, wie Sie denn diese »großen« Fragen beantworten sollen. Das Geheimnis ist: Ihre Seele kennt alle Antworten bereits. Mit Hilfe von Besinnungsübungen, Ritualen, Träumen und einfachem Stillwerden und In-sich-Hineinhören werden Antworten in Ihrem Bewusstsein auftauchen.
Vertrauen Sie Ihrer Seele! Insbesondere in den Rauhnächten sind die Tore zur spirituellen Welt weit geöffnet, und es wird Ihnen leichter fallen, Antworten auf existenzielle Fragen in sich zu finden. Die Rauhnächte sind eine Seelenreise von der Dunkelheit ins Licht, wenn Sie sich nur darauf einlassen.
Denken Sie dabei immer daran, dass es nicht so sehr um das Äußere geht. Die Umgebung spielt eine Rolle, um die Seele einzustimmen: Zünden Sie Kerzen an, führen Sie Räucher- oder Orakelrituale durch, machen Sie eine Nachtwanderung, pflegen Sie das alte Brauchtum – das sind alles Hilfsmittel und Wegweiser. Das wirklich Wichtige ist jedoch der Weg. Und dieser Weg beginnt in Ihnen.

Die zwölf Schritte der Seele

Die Rauhnächte können zu einem Weg der Selbsterkenntnis und Entfaltung werden – in zwölf Schritten schließen wir das Alte ab, kommen zur Ruhe, öffnen uns den inneren Erfahrungen und erwachen schließlich zu einem neuen Lebenszyklus.

Erste Rauhnacht – 25. Dezember – Altes abschließen

Es ist Weihnachten – ein Fest, dessen Zauber sich niemand entziehen kann, der in dieser Tradition aufgewachsen ist. Selbst Menschen, die sich vom christlichen Glauben später abgewandt haben, spüren zu Weihnachten noch einen Hauch des Wunderbaren, den das Fest in ihrer Kindheit hatte. Der erste Weihnachtsfeiertag ist die erste Rauhnacht. Die Wintersonnwende hat bereits den Wechsel eingeläutet. Das Thema der ersten Rauhnacht lautet: das Alte liebevoll abschließen und loslassen. Machen Sie dazu ein Besinnungsritual:

- Sitzen Sie still, und werden Sie ruhig. Zünden Sie eine Kerze an, und versenken Sie sich in die Bewegung der Flamme.
- Lassen Sie das vergangene Jahr vor Ihrem inneren Auge vorüberziehen.
- Verweilen Sie kurz bei den Erlebnissen, die wichtig für Sie waren, und lassen Sie sie dann bewusst los. Ob es schöne Dinge waren oder traurige – Sie haben neue Erfahrungen gemacht, die nun ihren Platz in Ihrer Seele haben. Sie müssen

sie nicht festhalten. Lassen Sie Ihre Erfahrungen und erlebten Gefühle liebevoll los und ihren Platz finden.

- Das Loslassen ist wichtig, um Raum für das Neue zu schaffen und andere Erfahrungen zu machen – so können Sie sich verwandeln und spirituell wachsen.
- Bleiben Sie bei diesem Besinnungsritual, bis Sie das Gefühl haben, dass das vergangene Jahr nun abgeschlossen ist. Vielleicht möchten Sie noch ein kurzes Gebet sprechen oder einfach dem Göttlichen in Ihnen danken. Wenn Sie das Ritual abgeschlossen haben, löschen Sie ganz bewusst die Kerze und kehren befreit und mit neuer Kraft ins Alltagsbewusstsein zurück.

Zweite Rauhnacht – 26. Dezember – Still werden

Der zweite Weihnachtsfeiertag ist auch die zweite Rauhnacht. In allen Rauhnächten geht es darum, tief in unsere Seele einzutauchen. Dieses Eintauchen in das Innere hat eine lange Tradition – dass mancherorts die Rauhnächte auch »Innernächte« genannt werden, legt Zeugnis davon ab.

In der vorausgegangenen Rauhnacht haben wir das Alte abgeschlossen. Vielleicht haben Sie dabei gemerkt, wie unruhig Ihr Geist mitunter ist. Es ist nicht ganz leicht, innere Ruhe zu finden. Das Äußere spielt dabei natürlich auch eine Rolle. Ist es im Äußeren hektisch und unruhig, gelangt diese Unruhe auch in die Seele; daher sind Stadtmenschen meist unruhiger als Menschen, die auf dem Land leben. Doch während wir die äußere

Unruhe nicht immer abstellen können, lässt sich die Stille in unserer Seele fördern. Die Rauhnächte erleichtern das, insbesondere in der zweiten Rauhnacht, wenn der Weihnachtstrubel vorbei ist. Das Thema der zweiten Rauhnacht lautet also: still werden.

Auch dazu ist ein Besinnungsritual sehr hilfreich.

- Sitzen Sie still, zünden Sie eine Kerze an und atmen Sie ein paarmal tief durch.
- Sprechen Sie ein kurzes Gebet, oder bitten Sie Ihre Seele darum, zur inneren Stille und zu innerem Frieden zu finden.
- Erzwingen Sie die Stille nicht in sich, sondern lassen Sie diese zu sich kommen. Es tauchen Gedanken und Gefühle auf – lassen Sie sie wie Wolken an sich vorüberziehen. Lauschen Sie in sich hinein, wo in Ihrer Seele der Ort der Stille ist. Sie müssen nicht mühsam dorthin gehen – wenn Sie nur aufmerksam bleiben, kommt der Ort der Stille immer näher.
- Wenn Sie merken, dass Sie zu grübeln beginnen oder an einzelnen Erinnerungen festhalten, kehren Sie einfach zur Übung zurück.
- Machen Sie sich keine Sorgen, wenn Sie noch nicht völligen Frieden und Ruhe in sich finden konnten – es genügt, wenn Sie Ihrem Geist gezeigt haben, dass es diesen Ort der Stille in Ihrer Seele gibt. Dann werden Sie auch nach dem Ende der Übung allmählich immer näher dorthin gelangen.
- Beenden Sie die Übung, wenn Sie das Gefühl haben, dass eine weitere Ausrichtung auf die Stille Sie nicht mehr der Stille näherbringt. Wenn Sie Ihrem Gefühl nicht ganz vertrauen,

können Sie das Ritual aber auch nach einer zuvor festgelegten Zeit (15-30 Minuten) beenden. Zum Beenden der Besinnungsübung löschen Sie ganz bewusst und ruhig die Kerze und nehmen sich ein wenig Zeit, wieder in das Alltagsbewusstsein zurückzukehren: ruhiger, entspannter und freudiger als zuvor.

Dritte Rauhnacht – 27. Dezember – Sich öffnen

In den Rauhnächten stehen die Tore zur Seele und zur spirituellen Welt besonders offen. In dieser Zeit berichten viele Menschen, dass sie spirituelle Wesenheiten wahrnehmen oder mit

verstorbenen geliebten Menschen Verbindung aufnehmen können. Daher spielen bei vielen Geschichten über die Rauhnächte überirdische Wesen, Geister und Gespenster eine Rolle. Wenn dabei Ängste aufkommen, ist das kein Hinweis auf äußere Gefahr, sondern ein Signal dafür, dass wir uns den unverstandenen Kräften unserer Seele nicht wirklich geöffnet haben – und diese Kräfte rütteln nun sozusagen an den Türen. In der dritten Rauhnacht geht es daher um das Thema: sich öffnen.
Natürlich können Sie auch dieses Thema für eine Besinnungsübung nutzen. Ich möchte Ihnen jedoch für diesen Tag etwas anderes vorschlagen: Versuchen Sie, den Tag über ein wenig neugieriger und achtsamer zu sein. Achten Sie etwas genauer auf das, was Ihnen heute geschieht. Welchen Menschen begegnen Sie heute? Was sagt Ihnen der Blick dieser Menschen? Was fällt Ihnen in der Natur oder auch in Ihrem Haushalt heute besonders auf? Versuchen Sie dabei, nicht zu werten, einzuordnen und zu beurteilen. Lassen Sie kommen, was kommt, richten Sie Ihre Aufmerksamkeit dann auch auf das, was Sie sehen, hören und erleben, was das in Ihnen auslöst – innere Bilder, Stimmungen, Gefühle, Gedanken, körperliche Reaktionen … Indem Sie nichts sofort einordnen und bewerten, wird Ihr Blick weiter. Dann werden Sie vielleicht erstaunt feststellen, wie Ihnen »Zeichen« gegeben werden und wie Sie sie sinnvoll deuten. Und damit beginnen Sie, wirklichen Kontakt mit der spirituellen Welt aufzunehmen.

Vierte Rauhnacht – 28. Dezember – Der inneren Weisheit vertrauen

Es geschehen immer wieder Dinge in unserem Leben, die uns zweifeln lassen – an der Welt wie auch an uns selbst. Das Schicksal scheint launisch zu sein, und wir selbst stehen vielem hilflos gegenüber: So gesund und liebevoll wir auch leben – Krankheiten, Schicksalsschläge und andere unangenehme Dinge geschehen. Wir können dieser Launenhaftigkeit des Lebens nur eines entgegensetzen: Vertrauen. Und zwar das Vertrauen in das Leben selbst, das Vertrauen, dass alles letztlich gut ist, auch wenn wir es (noch) nicht erkennen und verstehen können. Um aber dieses Vertrauen aufbringen zu können, benötigen wir noch eine andere Art Vertrauen. Und dieses ist das Thema der vierten Rauhnacht: das Vertrauen in die innere Weisheit.

Wenn wir wirklich verstehen, dass die Prüfungen des Lebens alle dazu dienen, uns wachsen und reifen zu lassen, finden wir Gelassenheit und Seelenruhe; wir erleben eine spirituelle Neugeburt, die uns befreit. Ich möchte Ihnen dazu wieder eine Besinnungsübung ans Herz legen. Am besten führen Sie diese durch, während Sie im Bett liegen und auf den Schlaf warten:

- Führen Sie sich eine unangenehme Situation aus Ihrer Vergangenheit vor Augen – die so weit zurückliegt, dass Sie heute keinen Groll, keine Trauer oder andere negative Gefühle mehr in sich tragen.
- Betrachten Sie diese Situation aus Ihrem heutigen Wissen heraus – obwohl die Lage damals nicht schön war, sind Sie doch heute ohne die negativen Gefühle von damals hier.

- Versetzen Sie sich in Gedanken in Ihr früheres Selbst, das damals gelitten hat – und sprechen Sie ihm Trost zu: in der absoluten Gewissheit, dass alles wieder gut wird.
- Sie können hier die Übung beenden – sie ist bis hierhin schon sehr kraftvoll. Wenn Sie möchten, können Sie aber auch noch einen Schritt weitergehen: Nehmen Sie nun eine noch nicht überwundene Gegebenheit aus der jüngeren Vergangenheit – und stellen Sie sich vor, wie Ihr zukünftiges Selbst, Ihre innere Weisheit, zu Ihnen kommt und Ihnen Trost zuspricht.
- Beenden Sie die Besinnungsübung mit einem Dank an Ihre innere Weisheit.

Unsere innere Weisheit kann uns zwar nicht vor den Prüfungen des Lebens bewahren, doch sie kann uns die Kraft geben, mit ihnen vertrauensvoll und gelassen umzugehen.

Fünfte Rauhnacht – 29. Dezember – Den Körper heiligen

Wir »haben« nicht Körper, Seele und Geist – wir sind es. Das Spirituelle hat seinen Widerhall im Körper, das Geistige wirkt auch auf die Seele, und unser Körper ist mit Geist und Seele eng verbunden. Die drei sind eine Einheit – daher ist es wichtig, alle drei wertzuschätzen.

Heilkräuter, aber auch andere Dinge, die dem Körper guttun, entfalten in den Rauhnächten eine besondere Wirkung. Auch Fasten, Körperübungen und eine achtsame Ernährung tun zu dieser Zeit besonders gut. Daher ist es sehr sinnvoll, in den Rauhnächten etwas für sein körperliches Wohlbefinden zu tun. Und so ist das Thema der fünften Rauhnacht: den Körper heiligen.

Achten Sie an diesem Tag ganz besonders auf das, was Sie essen. Richten Sie Ihre Aufmerksamkeit auf das Essen: wie es schmeckt, wie es sich anfühlt, wie Ihr Körper darauf reagiert. Machen Sie an diesem Tag einen Spaziergang – am besten allein, ohne Gespräche nebenher: Achten Sie genau darauf, wie Sie Ihren Körper beim Gehen spüren, bei jedem Schritt. Und nach dem Spaziergang duschen Sie ausgiebig oder nehmen ein Bad – auch hier »heiligen« Sie Ihren Körper, indem Sie genau wahrnehmen, was ihm guttut – und wie sich dies auch auf Ihre Seele auswirkt.

Sechste Rauhnacht – 30. Dezember – Die Gefühle umarmen

Die besondere Stimmung, die während der Rauhnächte herrscht, können Sie nicht mit dem Verstand erfassen, doch Sie können sie fühlen. In den Rauhnächten sollten Sie daher Ihre Gefühle besonders ernst nehmen. Es mag ein Wechselbad der Gefühle sein – ein ehrfurchtsvolles Staunen beim Anblick von schneebedeckten alten Bäumen steht der Traurigkeit gegenüber, die sich an kalten, grauen Tagen schnell einstellt; die Sinnenfreude und das Wunder des Weihnachtsfestes wechseln zur Besinnlichkeit und Ruhe nach dem weihnachtlichen Trubel; die Stille der »Zwölften« wird vom lauten Treiben der Perchtenläufe und der Silvesterböller unterbrochen; die Geborgenheit, die sich in der stillen Zeit leicht einstellt, wenn man in der behaglichen Stube sitzt, wechselt sich mit Ängsten ab, die ebenfalls leicht auftauchen und die Wurzeln der gruseligen Geschichten sind, die man sich in dieser Zeit erzählt. Unser Gefühlsleben nimmt mehr Raum ein und kann alle möglichen Formen annehmen. Durch Rituale, Orakel, traditionelle Bräuche, das Beachten von Träumen und das Erzählen von Märchen und Sagen werden die Gefühle intensiviert. Das Thema dieser Rauhnacht, kurz vor dem Ende des alten Jahres, lautet: die Gefühle umarmen.

Und genau das sollten Sie an diesem Tag ganz besonders beherzigen. Tauchen Sie ganz in Ihre Gefühle ein – seien es nun besonders freudige oder traurige. Akzeptieren Sie alles, was in Ihrer Gefühlswelt auftaucht. Doch halten Sie es nicht fest, kosten Sie es nur aus – in dem Bewusstsein, dass das alles ein Teil von Ihnen ist, der etwas Wertvolles beizutragen hat. Das ist eine kleine Herausforderung, doch Sie werden durch diese Übung an emotionaler Ausdruckskraft gewinnen, Ihre Gefühle besser verstehen und sich selbst wirklich kennenlernen.

Vielleicht ist es zu viel, diesen Tag ganz dem Umarmen Ihrer Gefühle zu widmen. Nun – dann tun Sie es in einem Besinnungsritual, wie Sie es schon kennengelernt haben.

- Setzen Sie sich still hin und entzünden Sie eine Kerze. Werden Sie still und atmen Sie tief durch.
- Richten Sie Ihre Aufmerksamkeit nun ganz auf die Gefühle, die Sie bewegen, und tauchen Sie in diese Gefühle ein. Wenn Ihnen zum Lachen zumute ist, lachen Sie; fühlen Sie Trauer, scheuen Sie keine Tränen. Lassen Sie geschehen, was geschieht.
- Bleiben Sie mindestens 30 Minuten bei dieser Übung.
- Beenden Sie das Besinnungsritual, indem Sie ein paarmal tief durchatmen, sich selbst zulächeln und sich für den Reichtum Ihrer Seele bedanken.

Siebte Rauhnacht – 31. Dezember – Seine Herzensziele entdecken

Wir stehen in dieser Nacht vor dem Beginn des neuen Jahres. Heute stehen Partys, Geselligkeit und Feuerwerk im Vordergrund. Früher war das ein wenig anders. Die Menschen kamen zusammen, aber weniger laut – auch wenn es noch die aus heidnischer Zeit stammenden lautstarken Rituale wie das Peit-

schenknallen oder das Schellen von Glocken gab, die böse Geister vertreiben sollten. In erster Linie ging es jedoch darum, nach innen zu blicken, mit sich selbst ins Reine zu kommen und für ein gutes kommendes Jahr zu beten – oder, wie in vorchristlicher Zeit, Opfer in Form von Brot und Milch darzubieten.
Geselligkeit ist sicher etwas Schönes; gerade zum Jahreswechsel ist es ein positives Symbol, das neue Jahr gemeinsam zu beginnen. Und doch empfehle ich Ihnen für diesen Tag, vor dem geselligen lauten Feiern eine halbe Stunde der Ruhe zu widmen und sich über das, was Sie in nächster Zeit vorhaben, klar zu werden. Das Thema dieser Rauhnacht heißt: die Herzensziele entdecken.
Fragen Sie sich, was Sie wirklich erreichen wollen, was Sie bewahren und was Sie verändern möchten und was Ihrem Leben wirklich Sinn geben kann. Sie können diesen Fragen in einer Besinnungsübung nachgehen. Es geht aber auch Schritt für Schritt:
Fragen Sie sich, was Ihre Werte sind. Suchen Sie ein Ziel, und machen Sie es sich ganz klar: Was genau? Wann wollen Sie es erreicht haben? Wie fühlt es sich an, wenn Sie dieses Ziel erreichen? Was wird das in Ihrem Leben verändern – ist es wirklich wert, angestrebt zu werden?
Überlegen Sie, was Ihnen noch fehlt, um auf dieses Ziel zuzugehen. Überlegen Sie auch, ob Ihr Ziel vielleicht auch Folgen hat, die nicht angenehm sind.
Fragen Sie sich, was Sie davon abhält, sofort Ihr Ziel anzusteuern. Und wenn Sie nichts finden – dann sind Sie schon auf dem Weg.

Achte Rauhnacht – 1. Januar – Eine Entscheidung treffen

Das neue Jahr hat begonnen – obwohl dieses Datum eigentlich ziemlich beliebig ist (es hat keine Verbindung mit besonderen Positionen der Sonne oder des Mondes) – ist es doch ein Neuanfang. Dass wir diesen Neuanfang bewusst setzen, ist nicht unbedingt ein Nachteil. Wir entscheiden uns dafür, dass nun eine neue Reise beginnt.

Doch auch wenn der Jahresanfang willkürlich gesetzt ist, fällt er doch in die Rauhnächte, und das ist wohl kein Zufall. Der Anfang des Jahres sollte in einer spirituell besonders sensiblen Zeit beginnen, und das tut er.

Das Thema dieser Rauhnacht lautet: eine Entscheidung treffen. Diese Thematik hat bereits am vorausgegangenen Tag begonnen: Sie haben sich über Ihre Herzensziele Gedanken gemacht, die Sie in Ihrer spirituellen Entwicklung weiterbringen. Heute geht es darum, zu entscheiden, welche der Möglichkeiten Sie nutzen, welche Herzensziele Sie anstreben und welche Prioritäten Sie setzen wollen.

Bei Entscheidungen ist es immer wichtig, nicht überhastet zu entscheiden. Es ist gut, der Intuition zu vertrauen – doch das ist nicht dasselbe, wie unter Zeitdruck willkürlich zu entscheiden. Daher ist es gut, dass Sie bereits »Vorarbeit« geleistet haben. Jetzt geht es »nur« noch um die richtige Auswahl unter guten Zielen. Nehmen Sie sich ein wenig Zeit dafür zu klären, wie Sie das Jahr angehen wollen. Ich möchte Ihnen wieder vorschlagen, das im Rahmen einer Besinnungsübung zu tun.

- Setzen Sie sich hin, atmen Sie tief durch und kommen Sie zur Ruhe. Vielleicht möchten Sie, um das Rituelle dieser Meditation zu betonen, eine Kerze anzünden.
- Schließen Sie Ihre Augen und sehen Sie sich noch einmal Ihre Herzensziele an. Welche davon sind Ihnen am wichtigsten? Welche entfalten die größte Anziehungskraft?
- Horchen Sie in sich hinein. Wenn sich eine Antwort abzeichnet, tauchen Sie tiefer dort hinein. Stellen Sie sich Ihren Weg zu diesem Herzensziel möglichst motivierend und angenehm vor ... Lassen Sie sich von seiner Kraft tragen.
- Wenn Sie spüren, dass die Energie und Motivation, auf dieses Ziel zuzugehen, wachsen, genießen Sie das noch eine Weile und beenden dann allmählich die Übung.
- Zum Abschluss bedanken Sie sich bei Ihrer inneren Weisheit (oder bei Gott), dass Ihnen der richtige Weg gewiesen und Ihnen geholfen wurde, sich zu entscheiden, kraftvoll diesen Weg zu gehen.

Neunte Rauhnacht – 2. Januar – Verzeihen, versöhnen, Frieden schließen

Um wirklich neu beginnen zu können, ist es wichtig, die Dinge, die uns belasten, Kränkungen, Verletzungen, alte Wunden heilen zu lassen und Raum in unserem Herzen zu schaffen. Ein guter Weg, Heilung zuzulassen, ist Verständnis – durch das Verstehen öffnen Sie Ihr Herz. Vielleicht glauben Sie, dass das große, fast übermenschliche Kraft erfordert, die vielleicht ein so großer Mensch wie Jesus aufbringen konnte. Das ist aber ein

Missverständnis. Durch Verzeihen und Vergeben machen Sie sich selbst ein großes Geschenk und kommen einen Riesenschritt auf Ihrem spirituellen Weg voran. Das Thema des heutigen Rauhnachttages ist daher: die Kraft der Vergebung.

Verstehen macht Verzeihen einfacher. Es gibt eine einfache Methode, mit der Sie Verständnis auch für Ihnen völlig unverständliche Handlungen anderer Menschen erahnen können. Gebrauchen Sie Ihre Fantasie! Malen Sie sich irgendeine, möglicherweise völlig abwegige Geschichte aus, die die Handlung auch für Sie, obwohl Sie sehr verletzt wurden, verständlich erscheinen ließe.

Ein geliebter Mensch hat Sie beispielsweise völlig unvermutet und mit bösen Worten verlassen. Sie könnten sich dann beispielsweise vorstellen, dass eine Geisteskrankheit ihn dazu getrieben hat oder dass er wusste, dass er bald sterben würde, und Sie nicht belasten wollte, oder ... Es geht nicht um die Glaubwürdigkeit der Geschichte, sondern darum, dass Sie Verständnis fühlen können. Denken Sie daran, dass Sie negative Gefühle wie ein eisernes Korsett mit sich herumtragen, das nur Sie, niemand anderen, quält und das Sie endlich abwerfen müssen. Dann können Sie frei atmen und unbeschwerter voranschreiten! Die Kraft des Verzeihens ist nichts, was Sie jemand anderem geben, sondern eine Kraft, die Sie durch das Vergeben gewinnen.

Ritual
Das Ritual des Verzeihens

Um zu verzeihen (was übrigens etwas völlig anderes als etwas gutheißen ist!), kann ein Ritual eine große Hilfe sein. Mindestens einmal im Jahr sollten Sie dieses Ritual durchführen – und diese Rauhnacht ist ein idealer Termin dafür.
Was Sie dazu brauchen, ist nur:

- ein Blatt Papier
- einen Stift
- eine feuerfeste Schale
- drei Kerzen
- Streichhölzer oder ein Feuerzeug.

Und so können Sie das Ritual des Verzeihens durchführen: Schreiben Sie die Namen der Menschen, die Sie gekränkt haben, sowie die Ihnen zugefügte Verletzung in einem kurzen Satz auf das Blatt. Zünden Sie die drei Kerzen an – eine für die Vergangenheit, eine für die Gegenwart und eine für die Zukunft. Schließen Sie nun die Augen, und finden Sie Ruhe in sich selbst. Holen Sie jetzt die Personen, die Sie verletzt haben, vor Ihr inneres Auge. Sprechen Sie aus, was Sie belastet. Lächeln Sie dann und wiederholen Sie bei jeder Person: »Ich verstehe, dass du damals gehandelt hast, wie du handeln musstest, und ich verzeihe dir.« Wenn Sie dies bei allen Personen auf dieser Liste getan haben, öffnen Sie die Augen und zerreißen das Blatt in drei Teile. Schließlich zünden Sie die Teile jeweils an einer Kerze an und lösen damit die negativen Kräfte des Kummers, des Ärgers oder der Wut – in der Vergangenheit, der Gegenwart und der Zukunft. Lassen Sie das Papier in der Schale (oder im Freien) verbrennen. Ist das Papier zu Asche verbrannt, legen Sie Ihre Hände über Ihr Herz, schließen kurz die Augen und spüren Ihrer neuen Freiheit nach, die Ihnen das Ritual geschenkt hat.

Zehnte Rauhnacht – 3. Januar – Achtsam werden

Sie haben nun schon viel erreicht und sind ein ganzes Stück auf dem spirituellen Weg vorangekommen. Nun können Sie darauf aufbauen und Ihre Tore zur geistigen Welt noch weiter aufstoßen. Der erste Schritt dazu ist, die Sinne zu öffnen – durch das erweiterte Erfassen der materiellen Welt können Sie diese durchdringen und Einblick in die geistige Welt erhalten. Das Thema dieser Rauhnacht ist: Achtsamkeit.

Achtsamkeit bedeutet, seine Sinne weit zu öffnen, ganz wach im Hier und Jetzt zu sein. Wenn wir wirklich achtsam sind, geben wir dem gegenwärtigen Moment, dem einzigen, der wirklich da ist, ganz Raum.

Achtsam sein heißt:

- nicht bewerten und urteilen
- bewusst und wach sein
- loslassen.

Kommen Ihnen diese Dinge bekannt vor? Kein Wunder, denn in allen Besinnungsübungen üben wir auch Achtsamkeit. Vielleicht möchten Sie nun diese Achtsamkeit einmal ganz bewusst in den Mittelpunkt eines Achtsamkeitsrituals stellen. Das ist ganz einfach – auf den ersten Blick. Doch es erfordert einige Übung, wie Sie feststellen werden. Es ist nämlich gar nicht so einfach, im Augenblick zu verweilen. In dieser Rauhnacht können Sie ein Ritual beginnen, das Sie von nun an regelmäßig durchführen können, wenn Sie möchten.

- Stellen Sie einen Wecker auf die Zeit ein, die Sie üben möchten: Anfangs sind 15 Minuten genug – vielleicht möchten Sie später allmählich die Zeit auf eine halbe oder gar eine ganze Stunde verlängern.
- Setzen Sie sich entspannt, aber möglichst gerade hin und kommen Sie ein wenig zur Ruhe. Atmen Sie ein paarmal tief durch.
- Schließen Sie die Augen und lassen Sie einfach kommen, was kommt. Konzentrieren Sie sich auf nichts, halten Sie nichts fest. Bleiben Sie ganz in der Gegenwart.

- Wenn Gedanken, Bilder, Geräusche oder lästige Körperwahrnehmungen wie Jucken kommen – lassen Sie es los, wenn Sie es bemerken, und kehren Sie zur Übung zurück. Machen Sie sich keine Sorgen, dass Sie etwas falsch machen, wenn Sie immer wieder bemerken, wie Ihre Gedanken abdriften. Das ist ganz normal – denn darin besteht ja gerade die Übung: diese Dinge zu bemerken und wieder ganz ins Jetzt zurückzukehren.
- Wenn der Wecker klingelt, beenden Sie die Übung langsam, indem Sie noch ein paarmal tief durchatmen, dann die Augen öffnen und sich kurz die Klarheit bewusst machen, die nun in Ihrem Geist stärker geworden ist.

Wenn Sie regelmäßig üben, wirklich tief in die Gegenwart, in das Lauschen, Schauen und Spüren einzutreten, werden Sie allmählich mehr als das Offensichtliche wahrnehmen. Diese Rauhnacht kann der Beginn eines ständigen spirituellen Wachstums werden.

Elfte Rauhnacht – 4. Januar – Dankbar sein

Wenn Sie an die schönen Dinge zurückdenken, die in Ihrem Leben geschehen sind, empfinden Sie nicht Dankbarkeit dafür, dass es so war? Auch wenn Sie sich vielleicht mehr vom Schönen in Ihrem Leben wünschen: Für das Angenehme wird es Ihnen nicht so schwerfallen, dankbar zu sein. Das Geheimnis liegt aber darin, dass Sie auch den umgekehrten Weg gehen können. Kultivieren Sie die Kraft der Dankbarkeit, und Ihr

Leben wird an Schönheit gewinnen! Das ist also das Thema dieser Rauhnacht: dankbar sein.

Früher war es natürlich einfacher, für alltägliche Dinge dankbar zu sein. Wenn das Korn nicht verhagelte, kein geliebter Mensch an einer der vielen, damals oft tödlichen Krankheiten starb, wenn kein Sturm das Haus abdeckte und keine Flut das Land verwüstete, waren die Menschen dankbar – und zeigten das in Dankbarkeitsritualen bei den großen Festen (siehe auch Seite 190; Das Dankbarkeitsritual). Heute, da unsere Grundbedürfnisse gedeckt sind, viele Krankheiten geheilt werden können und wir in relativer Sicherheit leben, sind wir oft nur noch für ganz ungewöhnliche Glücksfälle dankbar. Doch das ist kein Gewinn, sondern ein Verlust.

Die besinnliche Zeit der Rauhnächte lädt dazu ein, uns zu besinnen und mehr für die guten Dinge, die wir haben, dankbar zu sein. Dankbarkeit ist keine moralische Pflicht, sondern eine wunderbare Methode, sein Leben glückvoller zu gestalten. Wenn wir dankbar sind, ist unsere Verbindung mit dem Leben stärker, wir fühlen uns aufgehoben und eins mit der Welt und den Menschen.

Eine ganz einfache Übung, um die Kraft der Dankbarkeit zu erfahren, können Sie heute zu einem kleinen Ritual machen, das Sie durch Ihr Leben begleitet. Jeden Abend, wenn Sie zu Bett gehen, sprechen Sie ein kleines Dankbarkeitsgebet, bei dem Sie fünf Dinge aufzählen, für die Sie an diesem Tag dankbar waren. Wenn Sie dieses Ritual regelmäßig durchführen, werden Sie etwas Erstaunliches erleben: Die Dinge, für die Sie dankbar sind, werden ständig mehr ...

Zwölfte Rauhnacht – 5. Januar – Zum Licht erwachen

Die Zeit der Rauhnächte geht heute zu Ende. Der Dreikönigstag beginnt um Mitternacht, und der Wechsel zum neuen Jahr ist nun endgültig vollzogen. Blicken Sie noch einmal kurz auf Ihre Erfahrungen in den Rauhnächten zurück und spüren Sie in sich hinein, was Ihnen diese Zeit gebracht hat.

Welche Schritte haben Ihnen Neues vermittelt?

Können Sie Ihren spirituellen Weg klarer erkennen?

Haben Sie etwas aus dieser Zeit mitnehmen können, das Sie auf Ihrem Weg begleitet?

Verabschieden Sie sich von den Rauhnächten, indem Sie ein kleines bewährtes Ritual durchführen, das früher ganz selbstverständlich Brauch war: Öffnen Sie Türen und Fenster weit und lassen Sie alle dunklen Kräfte der Vergangenheit hinaus – eine Räucherung bekräftigt dieses Ritual. Das Thema dieser letzten Rauhnacht lautet: zum Licht erwachen.
Das Licht zeigt sich nun ganz allmählich, aber immer mehr in der Natur. Die dunkelsten Tage des Jahres haben die Sehnsucht nach Licht geweckt – das hilft uns dabei, nicht nur das äußere Licht, sondern auch das innere Licht zu suchen. Und das ist das Ziel der spirituellen Reise durch die Rauhnächte: das innere, heilige Licht in uns zu spüren und sein Leuchten zu bewahren.
Die Kräfte Angst, Hass, Sorgen, Neid und Unwissenheit verdunkeln manchmal unsere Seele – doch die Schatten zeigen uns auch, wo es Licht gibt. Mitgefühl, Vertrauen, Liebe, Vergebung, Dankbarkeit, Achtsamkeit und Lebensfreude sind die lichten Kräfte, die die Dunkelheit in uns überwinden können. Und alles, was wir tun müssen, um diese Kräfte wirken zu lassen, ist, zur Ruhe zu kommen und die Stille zu suchen. Das Licht ist schon in uns. Nur durch das ständige hektische Sich-Verlieren im Alltag wird das Licht durch die Schatten verdeckt. Machen Sie sich den letzten Tag der Rauhnachtzeit bewusst, dass Sie nur zulassen müssen, was bereits in Ihnen ist, um zum Licht zu erwachen und die Dunkelheit in Ihrer Seele zu überwinden.

Einige Rauhnachtbräuche

- Beim Kehrausritual, einem der wichtigeren Rituale für die Rauhnächte, das Sie mindestens einmal in dieser Zeit ausführen sollten, gibt es einen inneren und einen äußeren Handlungsablauf. Der äußere Handlungsablauf ist dabei ganz einfach: Sie öffnen die Fenster, wenn es das Wetter zulässt, und kehren mit einem Besen einfach alle Zimmer aus. Das Kehrausritual ist aber selbstverständlich mehr als ein Hausputz. Das Auskehren hat hier einen symbolischen Wert: Sie kehren alle dunklen und schlechten Kräfte aus. Ein besonderer Schwerpunkt sind dabei die Ecken der Zimmer. Das Äußere ist jedoch nicht das Wesentliche – wichtig ist Ihre innere Haltung. Kehren Sie nicht einfach so nebenher, sondern machen Sie das Auskehren der negativen Kräfte zum Inhalt Ihres Bewusstseins. Sehr gut ist es auch, wenn Sie dabei innerlich oder halblaut wiederholen: »Glück zieht herein, Pech zieht hinaus.«
- Das Rauhnacht-Wetterorakel ist denkbar einfach: Das Wetter des nächsten Jahres lässt sich direkt über das Wetter in den Rauhnächten vorhersagen. In den Zwölften, so heißt es im alten Volksglauben, wird der Wetterkalender fürs ganze Jahr gemacht. So wie das Wetter in den zwölf Rauhnächten ist, so wird es also auch in den zwölf Monaten des neuen Jahres sein, wobei die erste Rauhnacht wieder dem Januar, die zweite dem Februar entspricht und so fort.
- In der Natur sind die Rauhnächte eine Zeit des Stillstands – entsprechend sollen Spinnräder stillstehen, und auch im

übertragenen Sinne sollte auf das »Spinnen«, sprich Grübeln, verzichtet werden.

- Die Stuben und Ställe werden mit Weihrauch geräuchert und mit Weihwasser gesegnet.
- In den Zwölften müssen neue Besen gebunden werden, da sie vor Hexerei schützen. Wird das Vieh im Frühjahr das erste Mal auf die Weide geführt, so legt man einen dieser Besen auf die Schwelle, denn wenn das Vieh darüber geht, so wird ihm im kommenden Jahr nichts Böses widerfahren.
- Die Rauhnächte sind nicht nur heilige, sondern auch heilende Nächte. Die Wirkung von Heilkräutern und Medizin ist in dieser Zeit besonders groß. Dasselbe gilt für Heilanwendungen aller Art.

- Begegnet man in den Rauhnächten fremden Menschen, so können diese Begegnungen eine besondere Bedeutung für die Zukunft haben.
- Zu den Orten, denen magische Kräfte zugesprochen werden, gehören Wegkreuzungen, insbesondere wenn diese in Wäldern liegen. Unverheiratete Frauen begeben sich in der Rauhnacht um Mitternacht an eine Wegkreuzung, um dort ihrem zukünftigen Bräutigam zu begegnen.
- Kerzen, die bei Einbruch der Dunkelheit auf den Fensterbrettern auf-

gestellt werden, vertreiben böse Geister, während gute angelockt werden.

- Wenn man die Hühner in den Rauhnächten mit Erbsen füttert, werden sie viele Eier legen.
- Bettler und Bedürftige darf man in den Zwölften nie abweisen, sondern man soll sie in die Stube bitten und ihnen Speisen und Getränke reichen.

BAUERNREGELN FÜR DIE RAUHNÄCHTE

25.12. »Ist die Weihnacht hell und klar,
hofft man auf ein fruchtbar Jahr.«

26.12. »Windstill muss St. Stephan (26. Dezember) sein,
soll der nächste Wein gedeih'n.«

27.12. »Hat der Evangelist Johannes Eis, dann macht
es der Täufer Johannes (24. Juni) heiß.«

28.12. »Schneit's an Unschuldige Kindl,
fährt der Jänner in die Schindel.«

29.12. »Wie das Wetter sich heute zeigt,
bringt es wieder die Maienzeit.«

30.12. »Scheint am Felixtag die Sonne,
ist es für das Obst die Wonne.«

31.12. »Silvesterwind und Sonnenschein –
vergebens die Hoffnung auf Korn und Wein.«

1.1. »Am Neujahrstage Sonnenschein,
lässt das Jahr uns fruchtbar sein.«

2.1. »Wie der Basilius, so der September.«

3.1. »Bringt Genoveva Sturm und Wind,
so ist die Waltraud (9. April) meist gelind.«

4.1. »Makarius das Wetter prophezeit für die ganze Erntezeit.«

5.1. »Scheint die Sonn am Tag vor Dreikönig,
wird der Nebel viel, nicht wenig.«

Frau Holle und die Wilde Jagd

Zu den immer wieder auftauchenden Mythen der Rauhnächte gehören gruselige Gestalten, die oft weiblich sind. Wenn man weiß, dass in der Mythologie der Kelten und Germanen weibliche Gottheiten eine wichtige Rolle spielten und dass diese Gottheiten und Naturwesen von den christlichen Missionaren als böse Geister und Dämonen umgedeutet wurden, kann man leichter verstehen, was der eigentliche Hintergrund dieser Sagen und Märchen ist – und dass die wilden Gestalten nicht wirklich böse oder »dämonisch« sind. Sie sind vielmehr Ausdruck alter, zum Teil in die Steinzeit zurückreichender Mutterriten. In ihnen geht es also um die weibliche Seite der Spiritualität: um Fruchtbarkeit, Neugeburt und Wachstum. Ein deutlich sprechendes Überbleibsel davon ist die Bezeichnung der Rauhnächte als »Mutternächte«.

Um nur ein Beispiel zu nennen: Frigg – oder Freya – war eine Göttin der nordischen Mythologie. Diese Göttin wurde als Beschützerin von Ehe und Mutterschaft verehrt. Im Laufe der Christianisierung wurde die Göttin allerdings als Gespenst oder gar des Teufels Großmutter umgedeutet, die nachts mit Hunden und ihrem Gatten Odin (Wotan) an ihrer Seite durch die Lande zieht und Schrecken verbreitet. In Süddeutschland ist es die wilde Berchta, die in den Rauhnächten ihr Unwesen treibt.
Doch nicht immer war die Umdeutung ins Böse oder zumindest Gruselige erfolgreich, und die alte Göttin blieb als eher freundliche, wenn auch geheimnisvolle Gestalt erhalten. Frigg ist

nämlich auch Frau Holle – die im Märchen die brave Goldmarie belohnt und die faule, selbstsüchtige Pechmarie bestraft. Wir kennen meist nur das Märchen, das die Brüder Grimm aufzeichneten; doch es gab viele Geschichten, in denen Frau Holle in der ein oder anderen Form auftauchte, beispielsweise das Märchen »Dumm-Maras Verwandlung« (das ich in meinem Buch »Das Wunder der Rauhnächte« nacherzählt habe), wo Frau Holle nicht als nette alte Dame, sondern als durchaus machtvolles, aber im Grunde gerechtes und gütiges Wesen auftritt.

Im Alpenraum erscheint Frau Holle oft als die »Berchta«, die eher dämonische Eigenschaften aufweist: In Schwaben, Thüringen und Franken drohte man unartigen Kindern mitunter: »Schweig, oder die wilde Berchta kommt und holt dich.« Die Berchta (davon kommen auch die »Perchten«, die bei den »Perchtenläufen«, einem der bekanntesten Rauhnachtbräuche, dargestellt werden) ist dabei eine zottelige, alte, furchterregende Hexe, die boshafte Kinder in den Korb steckt und »unordentliche« Frauen grausam bestraft.

Die Berchta ist also eher eine Schreckensgestalt: Sie jagt im Wintersturm über das Land und erschreckt die Menschen – doch sie schenkt auch etwas, nämlich die Fruchtbarkeit der Böden und Äcker. Diese Eigenschaften sind Überbleibsel der ursprünglichen, »heidnischen« Bedeutung dieses Naturgeistes.

Legende

Odins Rabenzauber (Auszug)

Wotan (Odin) war Friggs Gatte, der Vater der Götter, der Herrscher über die Toten, der höchste aller Schamanen – der Zauberkundigen, die die Kräfte der Natur beherrschten. Er war aber auch der Gott der Dichtung und der Runen. In der alten Dichtung waren die Worte mächtig; das Angerufene wurde durch die Kraft des Wortes beschworen. Wenn uns auch die Worte der alten germanischen Dichtungen nicht verständlich sind, so kann man doch ihre Kraft spüren, wenn man sie laut liest …

Den Asen ahnte übles Verhängnis,
Verwirrt vom widrigen Winken der Seherin.
Urda sollt Odrärir bewachen,
Wenn sie wüsste, so großem Schaden zu wehren.

Auf hub sich Hugin, den Himmel zu suchen;
Unheil befürchten die Asen, verweilt' er.
Thrains Seher-Spruch ist todschwerer Traum,
Dunkeler Traum des Dainen Spruch.

Den Zwergen schwand nun die Stärke.
Die Himmel
Neigten sich nieder zu Ginnungs Nähe hinab.
Alswidr lässt oftmals sie sinken,
Doch Sinkende hebt er oftmals empor.

Nirgends haften Sonne noch Erde,
Es schwanken und stürzen die Ströme der Luft.
In Mimirs klarer Quelle versiegt
Die Weisheit der Männer. Wisst ihr, was das bedeutet?

LEGENDE

*Im Tal weilt die wissende Göttin
Hinab von Yggdrasils Esche gesunken,
Bei Elfengeschlechtern Idun genannt,
Die Jüngste von Iwalts ältern Kindern.*

*Weihlieder sangen, auf Wölfen reitend
Die Herscher und Hüter der Himmels-
welt.
Odin spähte von Hlidskialfs Sitz
Und wies weit hinweg die wartenden
Zeugen.*

*Der Weise fragte die Wächt'rin des
Tranks,
Ob von den Asen und ihren Geschicken
Unten im Hause der Hel sie
wüssten,
von Anfang und Dauer und endlichem
Tod.*

*Sie mochte nicht reden, nicht melden
konnt' sies:
Wie begierig sie fragten, sie gab keinen
Laut.*

*Die Tränen aus den Spiegeln des Hauptes,
Mühsam verhehlt, nur netzten die Hände.*

*Da hebt sich von Osten aus Eliwagar
Des reifkalten Riesen dornige Rute,
Mit der in Schlaf er die Völker schlägt,
Die Midgard bewohnen, vor Mitternacht.*

*Da trieb aus dem Tore wieder der Tag
Sein schimmernd mit Steinen geschmück-
tes Ross;
Weit über Manheim glänzte die Mähne:
Des Zwergs Überlist'rin zog es im Wagen.*

*Am nördlichen Rande der nährenden
Erde
Unter des Urbaums äußerster Wurzel
Gingen zur Ruhe Gygien und Thursen,
Gespenster und Zwerge und Schwarze
Elfen.*

(aus der Älteren Edda, 4. Lied der Göttersagen, nach der Übersetzung von Karl Simrock, 1851)

Karneval, Lichtmess, Imbolg

Das Erwachen des Lebens

Mariä Lichtmess oder einfach Lichtmess ist heute in der Regel eher ein Nebenfest und nicht besonders wichtig. In meiner Kindheit war das noch anders – aber schon damals galt Lichtmess nur noch in bäuerlichen Gegenden als besonderer Tag. Von meiner Großmutter weiß ich, dass Lichtmess zu ihrer Zeit auch ein »Schlenkeltag« war, an dem die Knechte und Mägde zu einem neuen Dienstherrn wechselten. Immerhin war der 2. Februar – zumindest in Bayern – bis 1912 ein ganz offizieller Feiertag, der ausgiebig gefeiert wurde, da die Bauern am folgenden Tag die Arbeit nach der Winterpause wieder aufnahmen.

Bei uns daheim wurde an Lichtmess die Weihnachtskrippe abgebaut, der Christbaumschmuck abgenommen und verpackt, der Baum verfeuert. Dann ging es in die Kirche, wo wir vom Pfarrer Kräuter und Kerzen segnen ließen. Das waren natürlich nicht die Kerzen, die wir im Alltag brauchten (ohnehin hatten auch in meiner Kindheit die meisten Bauernhöfe längst elektrisches Licht). Es waren vielmehr spezielle weiße Kerzen, die an den Feiertagen beim Gebet angezündet wurden, und schwarze »Wetterkerzen«, die bei Unwettern Schlimmes verhüten sollten. Am meisten aber ist mir die abendliche Lichterprozession in Erinnerung geblieben. Es war zwar kein »großes« Fest wie Weihnachten oder Ostern – aber Lichtmess war durchaus ein besonderer Tag, auf den wir uns alle freuten.

Lichtmess ist zwar ein christlicher Feiertag, aber keine christliche Erfindung. Ebenso wie bei vielen anderen wichtigen Festen gab es auch hier bereits in vorchristlicher Zeit Entsprechungen.
Im alten Rom wurde am 14. Februar ein großes Reinigungs- und Sühnefest gefeiert, die *Lupercalien*, die angeblich von Romulus, dem Gründer der Stadt, selbst eingeführt wurden. Auch bei diesem Fest wurden Kerzen geweiht, und es gab Lichterprozessionen. Das Christentum behielt diese Feier bei und interpretierte sie neu – als Taufe Jesu. Daher heißt das Fest heute offiziell auch »Darstellung des Herrn«. »Darstellung« bedeutet, dass Kinder 40 Tage nach ihrer Geburt den Priestern im jüdischen Tempel vorgestellt und gesegnet wurden. So war es auch bei Jesus.
Aber warum der 14. Februar? Lichtmess ist doch am 2. Februar! Stimmt, aber das war nicht immer so: Zunächst wurde Licht-

mess tatsächlich am 14. Februar gefeiert. Doch im Kontakt mit den nördlicheren Kelten stießen die Missionare auf ein konkurrierendes Fest: Imbolg. Dieses Fest wurde Brigid zu Ehren gefeiert – und später dann mit Lichtmess zusammengelegt. Wer aber war Brigid?

St. Brigida und die Muttergöttin

Brigid war eine keltische Göttin. Ihr war in Irland ein Heiligtum geweiht, ein heiliges Feuer, das in Kildare gehütet wurde. Die Göttin Brigid stand für Licht und Feuer. Sie trat in drei Rollen auf: als Behüterin der Dichter und Sänger, als Göttin der Heiler und als Patronin der Druiden. Brigid hat genau die Eigenschaften, die auch die neolithische (steinzeitliche) »Große Mutter« kennzeichneten: Sie schützt und fördert Familie, Haus, Vieh und Ernte. Sie konnte aber auch, wenn sie missachtet wurde, zornig werden und vernichtend wirken. Sie war die Göttin der Flüsse und Bäche und sorgte für Fruchtbarkeit. Noch heute sind viele Quellen Brigid, der Heilkundigen, geweiht. Jedes Jahr am 1. Februar erweckte sie die erstarrte Erde zu neuem Leben – Anlass für die Menschen zu feiern: Das erste Erwachen des Jahres wurde mit dem keltischen Fest Imbolg begangen, einem Fest zu Ehren der Göt-

tin Brigid. Die christlichen Missionare machten die Göttin später zur christlichen Heiligen.
In der Mitte des 5. Jahrhunderts, also im »dunklen Zeitalter«, lange vor dem Mittelalter, lebte in einem irischen Kloster eine Äbtissin, die Wunder gewirkt haben soll. Das Kloster war dort errichtet worden, wo zuvor das heilige Feuer der Göttin Brigid gehütet wurde. Und Äbtissin war die heilige Brigida. Nach dem Tod der heiligen Äbtissin wurden alle Kräfte, die das Volk früher der keltischen Göttin zugeschrieben hatte, an St. Brigida »weitergegeben«, und die beiden Traditionen verschmolzen endgültig miteinander.

LEGENDE

Legende
Die heilige Brigida

Brigida war eine Fürstentochter. Ihre Mutter, eine christliche Sklavin, wurde, als sie schwanger war, von dem heidnischen Fürsten an einen alten Druiden verkauft, der dem ungeborenen Kind sogleich eine große Zukunft vorhersagte. Als die Zeit der Geburt gekommen war, gelang es der Mutter nicht mehr, rechtzeitig ins Haus zu kommen, und so gebar sie Brigida auf der Türschwelle. Das galt als Omen, dass dieses Mädchen zwischen den Welten leben und die Gegensätze verbinden sollte. Schon als Brigida noch ein Kind war, geschahen wundersame Dinge um sie herum. Feuersäulen und Flammen erschienen, und bei einem Brand blieb sie ganz unversehrt. Der Druide begann, Brigida zu unterrichten und ließ ihr eine besondere Erziehung angedeihen. Sie war eine gelehrige Schülerin. Alles, was sie berührte, wuchs, heilte, gedieh und vermehrte sich auf geheimnisvolle Weise. Und Brigida war großzügig: Immer wieder versorgte sie die Armen und rettete manch einen vor dem Hungertod.

Als der Druide starb, kehrten Mutter und Tochter an den Hof des Fürsten, Brigidas Vater, zurück. Bald war sie auch dort bei den Armen beliebt, denn ihre Freigiebigkeit war grenzenlos. Ihrem Vater war das allerdings ein Dorn im Auge; ihm wäre es lieber gewesen, sie hätte sich wie eine ganz normale junge Frau verhalten. Brigida aber wollte weder heiraten noch Kinder bekommen und sprach: »Wenn ich Ehefrau bin, werde ich allen Reichtum, der mir dadurch zufällt, verschenken!« Was konnte der Vater schon tun? Schließlich gab er sie ganz frei und gestattete ihr zu tun, wozu es sie drängte.

LEGENDE

Nach dem Tod ihrer Mutter trat Brigida in ein Kloster ein. Nicht lange und sie wurde zur Äbtissin des Klosters ernannt. Ihre Großzügigkeit, ihre Wundertaten und ihre Weisheit sprachen sich schnell herum. Die Geschichten, die sich die Menschen von Brigida erzählten, ähnelten immer mehr den alten heidnischen Mythen. Sie heilte Todgeweihte, verstand sich auf Liebeszauber, gebot den Elementen Einhalt und konnte Unheil abwenden. Als ihr Vater, der Fürst, starb, flocht ihm seine Tochter Brigida am Sterbebett ein besonderes Kreuz aus Binsen und Stroh – das später nach ihr benannte Brigid-Kreuz. Dieses Kreuz war gleichzeitig das alte Sonnensymbol der Kelten. Und so trat ein, was man bei ihrer Geburt auf der Türschwelle geweissagt hatte: Sie verband zwei Welten, das Heidnische mit dem Evangelium, indem sie Jesus als die Sonne in seiner Mutter Leib darstellte.

Am St.-Brigida-Tag werden Wasser, Brot und Salz gesegnet. Auch das Vieh bekommt von den gesegneten Gaben – in diesem alten Brauch erkennt man gut, wie eng die Verbundenheit von Mensch und Vieh bei den Bauern einmal war. Die Ochsen halfen bei der schweren Feldarbeit, und die Milch der Kühe sorgte für Nahrung. Das Überleben von Mensch und Tier hing unmittelbar voneinander ab.
Heute wird die heilige Brigida in Deutschland nur noch in einzelnen Regionen, beispielsweise in Holzem bei Effelsberg, in Keldenich (wo auch eine Reliquie ausgestellt ist) oder Blumenthal, verehrt. Im Heiligenkalender findet man die irische Brigida nicht mehr. Das ist bedauerlich, denn sie zeigte beispiel-

haft die Kraft des Weiblichen in der Glaubensgeschichte – und die Kraft der Gewaltfreiheit, denn es gelang ihr, Menschen ohne Zwang zum Christentum zu bekehren.

Lichterfeste der Hoffnung

Das alte irisch-keltische Frühlingsfest Imbolg (oder Imbolc) wird heute noch in der Nacht vom 1. auf den 2. Februar gefeiert und war einst das Fest der Herden und der Fruchtbarkeit. Es liegt ziemlich genau zwischen Wintersonnwende oder Yule und der Frühjahrs-Tagundnachtgleiche oder Ostara. Imbolg ist ein Fest des Lichts, denn die länger werdenden Tage wecken die Freude auf den Frühling. Ursprünglich verehrten die Menschen während Imbolg die Göttin Brigid. Sie geriet in Vergessenheit, doch die Tradition, alle Lampen und Kerzen im Haus in dieser Zeit zu entzünden, Freudenfeuer abzubrennen und Kräuter zu segnen, blieb bis heute erhalten. Dort, wo nicht Imbolg, sondern Lichtmess gefeiert wird, ähneln sich die Feste sehr. Auch zu Lichtmess gibt es Lichterprozessionen und eine Kräuterweihe!

Was uns die Lichterfeste sagen

Wenn wir uns nun diese beiden Feste mit den Augen des Herzens ansehen, ahnen wir, worum es dabei im Grunde geht: um das Erwachen der Hoffnung.

Es ist die Mitte zwischen der Wintersonnwende und der Frühlings-Tagundnachtgleiche. Die tiefste Dunkelheit ist schon zur

Hälfte überwunden. Das Licht gewinnt an Kraft, und erstes Leben regt sich nach dem langen Winter.

Diese Aufbruchstimmung, die sich in der Natur zeigt, sollten wir auch in unserem Herzen nähren – eine Zuversicht, die trägt und vollkommen berechtigt ist. Wenn wir dieses Gefühl der erwachenden Lebenskraft in uns nicht durch negative Gedanken behindern, kann es sich jetzt besonders gut in der Seele entfalten und uns stärken.

Als Christ feiern Sie die Taufe Jesu, sein Erscheinen, sein Eintreten in die Gemeinschaft der Menschen. Oder Sie feiern mit Imbolg das Erwachen des Lichts. Aber beide Male geht es um die Kraft der Hoffnung.

Besinnungsritual
zur Kraft der Hoffnung

An diesem Tag – oder in dieser Zeit – können Sie ein kleines Besinnungsritual machen: Setzen Sie sich hin, kommen Sie zur Ruhe und richten Sie Ihre Aufmerksamkeit ganz auf das, was Sie erhoffen. Nicht, was Sie sich irgendwie wünschen oder erträumen, sondern das, auf was Sie Ihre Hoffnung richten und wozu Sie selbst beitragen können – in dem Vertrauen, dass die Zeit jetzt günstig dafür ist. Spüren Sie, wie die Besinnung darauf Ihnen Kraft, Lebensfreude und Inspiration verleiht.

Halten Sie auf einem Blatt Papier fest, worin diese Hoffnung besteht – mit Worten oder in Bildern. Falten Sie das Blatt und legen Sie das Papier zwischen beide Hände. Schließen Sie noch einmal die Augen und spüren Sie, wie all Ihre Hoffnungen nun in Ihren Händen liegen.

Vereinen Sie nun andächtig dieses Stück Papier mit dem Licht, indem Sie es dem Feuer übergeben. Machen Sie sich bewusst, dass Sie Ihre Hoffnungen so in die Welt entlassen, damit sie erfüllt werden mögen.

Karneval – die Sinnlichkeit beleben

In weiten Bereichen Süddeutschlands - aber selbstverständlich nicht nur dort, sondern gerade auch in den Karnevalshochburgen Köln und Düsseldorf - geht mit Lichtmess das Fastnachtstreiben so richtig los. Die Menschen verleihen ihrer Lebensfreude Ausdruck.

Karneval, Fastnacht, Fasching ... all diese Worte bezeichnen die Zeit des Jahres, in der das Ende der dunklen Wintertage in Sicht ist. Auch das Thema des Karnevals ist die Lebensfreude - doch nun auf ganz sinnlicher Ebene.

Im Christentum ist es die Zeit, die der sechswöchigen Fastenzeit vor Ostern vorausgeht. Während des Karnevals feiert man das Ende des Winters mit ausgelassenem Treiben. Das große Ereignis, der Beginn einer Wiedergeburt, steht bevor. Doch bevor die Zeit der Besinnung kommt, wird, wie wir in Bayern sagen, erst einmal »die Sau rausgelassen«.

Bei kaum einem der Feste, die wir feiern, ist das alte heidnische Brauchtum so sichtbar wie beim Karneval: Die Kennzeichen der ersten heiligen Zeit des Jahres sind das Verkleiden, die Masken und die Musik. Und das gilt schon seit sehr langer Zeit. Vor über 5000 Jahren feierten die Menschen im Zweistromland, in Babylon, bereits Feste, die dem Karneval ähnelten. An diesen Tagen waren die Sklaven den Herren gleichgestellt - die Unterschiede waren aufgehoben, und der alleinige Herrscher war die Ausgelassenheit. Und auch die alten Römer kannten den Karneval: die *Lupercalien*, bei denen öffentliche Gelage gefeiert wurden und

Herren und Knechte für kurze Zeit die Rollen tauschten. Es gab bunte Umzüge und sogar eine Art Konfetti in Form von kleinen Rosenblüten.
Der »Gleichheitsgrundsatz« beim Karneval ist ein wichtiger spiritueller Aspekt des ausgelassenen Treibens. Im Faschingsfest schlüpfen wir in die Rolle eines anderen, ja, wir probieren spielerisch aus, wie es wäre, ein anderer zu sein – und da alle anders sind, fallen wir dabei nicht auf. Doch woher kommen die Masken, das Krachmachen und das »Geistervertreiben«, Bräuche, die vor allem in der Alpenregion auch zum Fasching gehören? Vieles spricht dafür, dass sich darin Überreste des keltischen Glaubens zeigen: Die Masken symbolisieren Naturgeister, und das Faschingstreiben ist der symbolische Kampf des Guten gegen das Böse – oder auch der Kampf des Lichts gegen die Finsternis. Und es gibt Grund zum Feiern, denn es ist absehbar, dass das Licht wieder siegen wird. Denn der Winter endet, und die fruchtbare Zeit kündigt sich an.

Cowboy oder Indianer – Wer bin ich?

Nicht nur für Kinder ist der Karneval, die Fasenacht oder der Fasching einer der Höhepunkte des Jahres. Ich kann mich erinnern, dass ich als Kind an Maskenumzügen mit viel Krach und Gepolter große Freude hatte – aber als dann allmählich das Verkleiden als Cowboy und Indianer aufkam, machte es noch mehr Spaß. Ich *wurde* zum Indianer, ich fühlte mich tatsächlich edel und wild wie Winnetou und wollte im Freien, natürlich in einem richtigen Indianerzelt wohnen. Das haben wohl viele ähnlich erlebt.

Kinder erleben wichtige Gefühle beim Verkleiden. Sie schlüpfen in verschiedene Rollen und probieren dabei aus, wie es ist, diese Rolle auszufüllen. Sie können diese Zeit als Eltern nutzen, um »spirituelle Gespräche« mit ihren Kindern zu führen. Das heißt nicht, sie zu belehren, sondern im Gegenteil: Hören Sie aufmerksam zu, was Ihre Kinder Ihnen erzählen. Welche Bedürfnisse, Träume, verborgenen Fähigkeiten schlummern in der Verkleidung, die sie wählen? Will sich Ihr Sohn lieber als Polizist oder als Räuber verkleiden? Fühlt sich Ihre Tochter eher im Prinzessinnenkleidchen oder im Hexenkostüm wohl? Die Rollenspiele sagen nicht, was das Kind ist – sondern wohin es strebt, was es sich vom Leben erwartet, was seine Werte erfüllt, was es motiviert und wonach es sich sehnt.

Und wie ist es bei Ihnen selbst? Auch wenn Sie kein Freund von rauschhaften Großveranstaltungen sind oder dies hier nicht zur Faschingszeit lesen, können Sie es ausprobieren, ohne zum Kostümverleih zu gehen. Nutzen Sie Ihre Vorstellungskraft, um in andere Rollen zu schlüpfen. Wer wären Sie gerne einmal? Wo fühlen Sie sich am wohlsten? Welches Bedürfnis, welche Wünsche drücken Sie dadurch wohl aus? Das Verkleiden im Fasching ist mehr als Spaß – es ist eine Chance, sich selbst zu entdecken.

Schluss mit Lustig

Es ist wichtig, der Ausgelassenheit, der Anarchie und Tollheit einen Platz im Leben zu geben. Eine Unterbrechung des Gewohnten ist notwendig, um auf neue Gedanken zu kommen,

und die überbordende Verrücktheit ist hilfreich, um den Gegenpol, die Ruhe und Besinnung, auch die Ernsthaftigkeit tiefer empfinden zu können.
Es ist aber genauso wichtig, und das macht erst den besonderen Wert der närrischen Zeit aus, dass die Phase des »Verrücktspielens« und Ausprobierens endlich ist. Ja, das Verstehen von Endlichkeit und der gelassene Umgang damit gehören ganz wesentlich zum Leben dazu. Nachdem dem Irrationalen, dem Schatten und Unbewussten Raum gegeben wurde, übernimmt nun wieder die Vernunft das Zepter. Die Narrheit wird zu Grabe tragen.

Der Karneval endet mit dem Aschermittwoch. Dann beginnt die 40-tägige Fastenzeit bis Ostern. Bis zum Ostersonntag sind es noch 46 Tage.

Aschermittwoch von 2015 bis 2025

Jahr	Aschermittwoch	Jahr	Aschermittwoch
2015	18. Februar	2021	17. Februar
2016	10. Februar	2022	2. März
2017	1. März	2023	22. Februar
2018	14. Februar	2024	14. Februar
2019	6. März	2025	5. März
2020	26. Februar	2026	18. Februar

Rituale, Mythen, Traditionen

Mariä Lichtmess war früher ein wichtiges Datum im Jahreslauf. An Lichtmess wurden Schulden beglichen, das Bauernjahr begann, und für die Dienstboten gab es einen kurzen »Urlaub« – in dem sie sich einen neuen Dienstherrn suchen mussten. Und natürlich war es auch das christliche Fest der Taufe Christi.

Einige Bräuche haben sich bis heute gehalten:

- Vor allem in Bayern, aber auch in anderen Teilen Süddeutschlands ist es immer noch Brauch, erst an Lichtmess die Krippe und den Weihnachtsbaum abzubauen.
- Nach Lichtmess beginnt das Bauernjahr, und alles muss bereit sein, um die Feldarbeit wieder aufzunehmen.
- Zu Lichtmess sollte noch die Hälfte des Winterfuttervorrats für die Tiere vorhanden sein, sonst droht Not.

Bauernregeln für Lichtmess

- Ist's an Lichtmess hell und rein, wird's ein langer Winter sein. Wenn es aber stürmt und schneit, ist der Frühling nimmer weit.
- Wenn der Himmel an Lichtmess heiter, rückt das Frühjahr zwei Schritt' weiter.
- Ist's zu Lichtmess klar und hell, kommt der Frühling nicht so schnell.
- Sieht der Dachs an Lichtmess seinen Schatten, schläft er noch einmal sechs Wochen in seinem Bau.

Brigid-Kreuz

Das Binden von Symbolen und Figuren als Schutzzeichen gehört zum keltischen Fest Imbolg – und gleichzeitig zum St.-Brigida-Tag. Nichts symbolisiert die Harmonie zwischen den alten Bräuchen und dem christlichen Glauben so gut wie das Brigida-Kreuz – oder kurz: Brigid-Kreuz.
Es ist nicht so schwer herzustellen. Ein paarmal muss man es üben, dann geht es ganz leicht von der Hand. Die Brigid-Kreuze können Sie an besonderen Stellen aufhängen, wo Sie sich mehr Kraft wünschen. Auch als Fensterschmuck oder über dem Türstock sind Brigid-Kreuze sehr schön.

Das bekannte traditionelle Kreuz wurde ursprünglich aus jeweils 28 Binsen hergestellt. Sie können aber auch Stroh, Grashalme, dünne Weidenzweige oder Ähnliches verwenden. Sie können ganz für sich ein Kreuz flechten – wie eine kleine Besinnungsübung – oder in größerer Runde. Besonders schön ist es, gemeinsam mit Kindern zu basteln.

Sie brauchen 28 Halme für das Kreuz und fünf weitere Halme, damit es nicht gleich wieder auseinanderfällt.

- Legen Sie die 28 Halme bereit.
- Schneiden Sie die Halme alle auf die gleiche Länge.
- Knicken Sie die Halme in der Mitte.

- Halten Sie einen Halm am Knick, und führen Sie einen weiteren Halm zwischen die Schenkel des Halmes, den Sie halten. Sie halten jetzt einen rechten Winkel. Die Enden des einen Halmes zeigen also nach unten, die des anderen nach links.
- Drehen Sie das Ganze um eine Vierteldrehung im Uhrzeigersinn. Die zwei Schenkel des einen Halmes zeigen also nun nach oben und die des anderen nach links.
- Nehmen Sie einen weiteren Halm. Dessen beide Enden zeigen nach rechts. Schieben Sie den Halm von oben über die beiden nach oben weisenden Enden des rechten Winkels.
- Drehen Sie nun das Ganze wieder um eine Vierteldrehung im Uhrzeigersinn.
- Wiederum schieben Sie einen Halm über die Halmenden, die nach oben weisen – doch dieses Mal weisen die Enden des neuen Halmes nach links.
- Dies wiederholen Sie nun: eine Vierteldrehung und dann einen neuen Halm von oben über die hochstehenden Halmenden schieben – immer abwechselnd mit nach rechts und links weisenden Halmenden.
- Wenn Sie alle 28 Halme verarbeitet haben, halten Sie schon ein erkennbares Brigid-Kreuz in der Hand.
- Nehmen Sie nun noch einen Halm und führen Sie ihn von rechts durch den untersten rechten Halmknick, weiter unter dem nach unten weisenden Arm des Kreuzes, dann

wieder über diesem Arm zurück und wieder durch den untersten rechten Halmknick. Vorsichtig festziehen.

- Nun müssen Sie nur doch die Halme der vier Enden des Kreuzes zusammenbinden – und das Brigid-Kreuz ist fertig!

Brigid-Kreuze werden jährlich zu Imbolg oder Lichtmess erneuert. Das Jahr über werden sie über der Haustür aufgehängt, wo sie das Haus und seine Bewohner vor Krankheiten, Hunger und Feuer beschützen sollen.

Ostern und Ostara

Das Frühjahrsfest

Das letzte Fest im dunklen Halbjahr ist der Tag, von dem an die Tage wieder länger als die Nächte werden. Um den 21. März herum ist es so weit, dann sind der Tag und die Nacht gleich lang – und zwar überall auf der Welt. Es ist die Frühlings-Tagundnachtgleiche, das zunehmende Äquinoktium, das im Kalender den Frühlingsanfang kennzeichnet.

Die Frühlings-Tagundnachtgleiche war für die Menschen schon immer ein bedeutendes Datum, denn um diese Zeit im Jahr beginnt die Natur ihren neuen Zyklus. Das, was bisher bloße Hoffnung war, wird jetzt Wirklichkeit.

Früher wurde die Frühlings-Tagundnachtgleiche bis zum Vollmond festlich vorbereitet – und am ersten Vollmond danach wurde Ostara, das große Frühlingsfest des ersten Vollmondes nach der Frühlings-Tagundnachtgleiche, ausgerichtet.

Ein Fest, das gekommen ist, wenn die Gestirne eine ganz besondere Himmelskonstellation einnehmen, lässt doch sehr an heidnische Bräuche denken. Und doch findet sich derselbe Zusammenhang ganz im Zentrum des christlichen Festkreises wieder – denn genau dieser Zeitpunkt, der erste Vollmond nach der Tagundnachtgleiche, wurde von der christlichen Kirche als Ostern beibehalten. Das christliche Osterfest wird, wie bereits eingangs erwähnt, über einen Lunisolarkalender bestimmt und fällt bei uns immer auf den Sonntag nach dem ersten Frühlingsvollmond – das bedeutet, es findet zwischen dem 22. März und dem 25. April statt. Und alle anderen Termine der beweglichen Festtage des Osterfestkreises richten sich danach.

Der österliche Festkreis

Auf dem Konzil von Nicäa im Jahre 325 wurde das Datum des Osterfestes auf den ersten Sonntag nach dem ersten Frühlingsvollmond festgelegt. Das ist zwar am Firmament einfach zu beobachten – doch den Tag rechnerisch zu bestimmen ist äußerst kompliziert. Es gab im Mittelalter bis zur gregorianischen Kalenderreform 1582 sogenannte »Computisten« (Osterrechner) am Hof des Papstes, deren ehrenvolle Aufgabe es war, das Datum des Osterfestes zu berechnen. Ich finde es immer wieder erstaunlich, wie kompliziert das Leben werden kann, wenn man es zu berechnen versucht, anstatt einfach in die Natur hinauszugehen ...

Der österliche Festkreis beginnt jedenfalls mit dem

Aschermittwoch: Er läutet das Ende des ausgelassenen Treibens im Karneval und die 40-tägige Fasten- und Besinnungszeit ein. Die Fastenzeit endet an einem Samstag, dem Karsamstag. Die letzte Woche vor Ostersonntag, die Karwoche, beginnt am Sonntag zuvor.

Palmsonntag: An diesem Tag wird der Einzug Jesu in Jerusalem gefeiert.

Gründonnerstag wird des letzten Abendmahls Jesu mit seinen Jüngern gedacht, wo er ihnen seinen Tod ankündigte.

Karfreitag wird des Todes Jesu am Kreuz gedacht.
Karsamstag ist ein Tag der Stille und Trauer. In der Nacht nach seiner Kreuzigung stieg Jesus in die Hölle hinab und befreite dort die Seelen der Gerechten seit Adam.
Ostersonntag wird die Auferweckung Jesu von den Toten gefeiert – das größte und wichtigste Ereignis im Christentum. Mit diesem Tag beginnt die 50-tägige österliche Freudenzeit, die bis einschließlich Pfingsten dauert.

Ostersonntage von 2015 bis 2025

Jahr	Osterdatum
2015	5. April
2016	27. März
2017	16. April
2018	1. April
2019	21. April
2020	12. April

Jahr	Osterdatum
2021	4. April
2022	17. April
2023	9. April
2024	31. März
2025	20. April
2026	5. April

Ostern: Woher kommt das Osterei?

Schon der Name »Ostern« ist ein wenig geheimnisvoll: Man weiß bis heute nicht genau, woher das Wort kommt. Doch offen-

bar hängt der Begriff mit dem alten germanischen Götterglauben zusammen.
Der Erste, der ein wenig Licht in das Geheimnis brachte, war ein gelehrter Mönch, der heilige Beda (673–735). Er schrieb, dass eine germanische Göttin namens »Eostrae« die Namensgeberin des »Eosturmonath« (althochdeutsch: »ôstarmânôt«) war.

»*Der Eosturmonath, der heute als Passahmonat bezeichnet wird, hat seinen Namen von einer ihrer [der Heiden] Göttinnen, die Eostre hieß und zu deren Ehren Feste gefeiert wurden; heute bezeichnen sie die Passahzeit mit deren Namen, wodurch mit dem Namen der alten Bräuche die Freuden der neuen Feierlichkeit benannt werden.*«

Beda zeigte also, woher der Name Ostern (englisch »easter«) vielleicht kam: von einer germanischen Göttin namens »Eostre« oder eingedeutscht »Ostara«. Jacob Grimm, einer der beiden Brüder, die als Märchensammler bekannt wurden, aber im Grunde vor allem Sprachwissenschaftler waren, schrieb in seinem Werk »Deutsche Mythologie«, dass es unwahrscheinlich sei, dass Beda die Göttin erfunden habe. Heute halten Historiker es für wahrscheinlich, dass »Eostre« ein Beiname der germanischen Göttin Freya war – so wie Odin mit dem Julfest in Verbindung steht, was sich in seinem Beinamen Jólnir zeigt. Vielleicht ist die Herkunft von »Ostern« sogar noch viel älter. Die vergleichende Religionsforschung vermutet, dass es eine indoeuropäische Göttin der Morgenröte gab, wie die indische Usha, die griechische Eos oder die römische Aurora.

Doch was sind schon Namen? Viel wichtiger ist, *was* gefeiert wurde. Und da gibt es sowohl große Unterschiede zwischen dem heidnischen und dem christlichen Fest als auch große Ähnlichkeit. Bei den Kelten war Ostara ein wichtiges Fest, das den Frühling und das Leben feierte – und zwar an dem Tag, der erstmals im Jahr nicht kürzer ist als die Nacht. Im Christentum ist Ostern dagegen das wichtigste Fest und hat eine ganz zentrale Stellung im Jahreskalender: Jesus Christus opferte sich selbst, um die Welt von der Sünde zu erlösen, und erstand von den Toten auf. Beide aber feiern den Beginn einer neuen, lichtvolleren Zeit – eine Auferstehung zu einem besseren Leben.

Hase, Ei und Lamm

Als das Christentum in Europa einzog, war es für die Missionare nicht einfach, die Bevölkerung von ihren alten heidnischen Bräuchen abzubringen. Die Menschen wollten an ihren Traditionen, die sie von ihren Altvorderen gelernt hatten, festhalten. Was lag also näher, als alte Brauchtümer mit dem christlichen Glauben zu verschmelzen und bestimmten Ritualen eine neue Bedeutung zu geben? Auch wenn die Menschen die neue Religion annahmen, wollten sie doch bei ihren lieb gewonnenen Traditionen bleiben. Überdauert haben Bräuche wie das Färben und Verzieren von Ostereiern und der Osterhase.

Die Eier symbolisieren so wunderbar die Urquelle des Lebens, dass sie schon vor Urzeiten als Sinnbild des Wunders der Geburt angesehen wurden – in manchen Kulturen entstand sogar der Mythos der Geburt des Universums aus einem Ei. Und natürlich war das Ei auch schon immer ein wichtiger Teil der Ernährung und damit auch ein Zeichen für Wohlstand und Gedeihen. Das Bemalen der Eier ist ebenfalls schon sehr alt. Sie wurden vor allem mit Naturfarben, am liebsten aber mit Rottönen bemalt – denn das Rot der Erde stand für das Blut der »Großen Mutter«, für Vitalität, Leben und Freude – später dann auch für das Blut Christi.

Der Hase hat ebenfalls eine ganz urtümliche, unmittelbar einleuchtende Bedeutung. Mit seiner unvergleichlichen Vermehrungsfreudigkeit ist der Hase ein natürliches Fruchtbarkeitssymbol. Hasen können viermal im Jahr Junge werfen, bis zu fünfzehn je Wurf! Und der erste Wurf im Jahr findet um die Zeit

der Tagundnachtgleiche statt. Die jungen Häschen waren also schon immer Frühlingsboten. Und natürlich freuten sich die Menschen, wenn sie die kleinen Hasen sahen – der Winter war endlich vorbei!
Das Lamm stand schon vor der Frühzeit des Christentums symbolisch für Reinheit, Unschuld, Geduld und Sanftmut und galt deshalb als das wichtigste Opfertier. Auch in der Bibel lesen wir, dass bei Ernten, Siegen, Gottesdiensten und anderen festlichen Ereignissen Lämmer geschlachtet wurden. So war das Lamm als traditionelles Zeichen des Lebens und der Unschuld ein ideales Symbol für den Tod Jesu Christi, der unschuldig für die Menschen gestorben ist. Das »Agnus Dei«, also das »Lamm Gottes«, ist daher seit langer Zeit ein verbreitetes Symbol für Jesus Christus. Und das Osterlamm ist das Symbol für die Auferstehung Jesu.

Die Auferstehung aus dem Tod

Maria Magdalena, Maria, die Mutter des Jakobus, und Salome gingen am ersten Tag der Woche, sehr früh, als eben die Sonne aufging, zu Jesu Grab – und sie sahen, dass der schwere Stein von der Grabtür entfernt worden war. Als sie die Grabkammer betraten, sahen sie einen jungen Mann in einem langen weißen Kleid und erschraken. Der Jüngling, der ein Engel war, sprach: »Erschreckt nicht! Ihr sucht Jesus, den Gekreuzigten – er ist nicht hier. Geht und sagt seinen Jüngern, dass sie ihn in Galiläa sehen werden.«

Die Frauen zitterten vor Angst und flohen und sagten niemandem etwas. Da erschien der auferstandene Jesus zunächst Maria Magdalena. Da fasste sie den Mut, es den anderen zu erzählen. Doch sie glaubten ihr nicht. Darauf erschien er auch den beiden anderen Frauen. Sie erzählten davon, doch wieder glaubte ihnen niemand. Endlich, als die Jünger zu Tische saßen, erschien er auch ihnen und sprach zu ihnen: »Gehet hin in alle Welt und predigt das Evangelium allen Wesen.« (nach Markus, 16)

Der Zeitpunkt der Entdeckung des leeren Grabes Jesu »sehr früh, da die Sonne aufging« führte dazu, dass die Morgenröte im Christentum als Symbol der Auferstehung gilt. Doch die Verknüpfung des Göttlichen mit diesem Naturphänomen ist viel älter als das Christentum.
Bei den Germanen gab es die Göttin Ostara, bei den Angelsachsen Eostre, bei den Römern Aurora, die Göttin der Morgenröte, und sie gab dem Osterfest ihren Namen. Die Licht- und Frühlingsgöttin stand für die Erneuerung der Natur, für das beginnende Leben, für den Neuanfang.

Das Licht hat nun über das Dunkel gesiegt und durchdringt immer mehr die Welt. Noch sind die Gegensätze im Gleichgewicht. Das Dunkle wird jedoch immer mehr zurückgedrängt. Die Tage werden länger als die Nächte, und in der Natur beginnt alles zu grünen und zu blühen. Auch die Vögel, die im Winter verschwunden waren, kehren aus dem Süden zurück. Das Leben in der Natur erwacht nun endgültig. Das, was an Lichtmess oder Imbolg noch Hoffnung war, ist jetzt Wirklichkeit geworden. Die Zeit der Saat und des Wachsens beginnt. Das Leben hat den Tod überwunden, und die Zeit der Fülle steht bevor. Das Fest feiert den Neubeginn – die Auferstehung Christi und das Wiedererwachen der Natur.

Die spirituelle Bedeutung von Ostara

Ostern und Ostara sind hohe Feste, die eine ganz besondere Bedeutung haben. Wir tun gut daran, nicht gedankenlos darüber hinwegzugehen, sondern die Zeit für eine Besinnungsübung zu nutzen.

Setzen Sie sich still hin und versuchen Sie, in sich Antworten auf eine der unten stehenden Fragen zu finden. Doch suchen Sie nicht mit dem Verstand danach, sondern mit dem Herzen!

- Wie kann ich das, was in mir verborgen liegt, wachsen und in der Welt sichtbar werden lassen?
- Was haben andere geopfert, dass ich dort bin, wo ich stehe?
- Was habe ich für andere geopfert? Welchen Sinn und welche Beweggründe hatte mein Opfer?
- Welcher Teil von mir sollte eine Auferstehung feiern?
- Wie feiere ich das Wunder der Auferstehung in meinem Herzen würdevoll?

Sich über diese Fragen Gedanken zu machen und seine Seele zu erforschen gibt dem Fest die Tiefe, die ihm angemessen ist.

Rituale, Mythen, Traditionen

Ostern ist das wichtigste christliche Fest. Deshalb gelten während der Gottesdienste ganz besondere Rituale. Am Gründonnerstag wird in einer Messe des Letzten Abendmahls gedacht, und am Karfreitag wird im Gottesdienst feierlich an das Leiden und Sterben Christi erinnert. Der Karsamstag ist ein Tag der Besinnung und des stillen Gebets. In manchen Kirchen werden als Zeichen der Trauer und als Symbol für die Grabesruhe Jesu die Kirchenfenster verhängt und von den Altären die Kerzen und der Blumenschmuck entfernt. Am Abend des Karsamstag beginnt die Osternacht, die mit einer feierlichen Liturgie begangen wird. Mancherorts kommt die Gemeinde zur Ostermesse auch in den frühen Morgenstunden des Ostersonntag zusammen. Diese Messe ist der Höhepunkt der österlichen Feier – in der Nachtwache wird die Erwartung der Auferstehung zelebriert und schließlich die Auferstehung und Wiederkunft Christi freudig gefeiert.

Die Nachtwache, an der auch wir Kinder teilnahmen, war ein Höhepunkt des Jahres. Das Fest war nicht ganz so geheimnisvoll wie Weihnachten, doch die Vorfreude auf die Auferstehung Jesu übertrug sich auch auf uns Kinder. Freilich, es war eine gemischte Vorfreude – denn ebenso, oder ehrlich gesagt sogar ein wenig mehr, freuten wir uns auf die Ostereiersuche …

Die Ostereiersuche

Der bekannteste Volksbrauch zu Ostern ist wohl die Eiersuche. Für uns Kinder war das immer ein Riesenspaß – auch wenn es damals noch keine Schokoladenostereier in Glitzerpapier und tausend Geschmacksrichtungen gab. Wir suchten tatsächlich (hart gekochte, gefärbte) Eier.
Der Brauch hängt wahrscheinlich mit der Fastenzeit zusammen. Eier zählten früher zu den Speisen, die während der Fastenzeit nicht verzehrt werden durften. Die Hühner wussten aber davon nichts und legten weiterhin Eier. Die kochte man und bewahrte sie bis zum Ende der Fastenzeit, also bis Ostern, auf.
Wir pflegten bei der Ostereiersuche ein besonderes Ritual: Die anderen Kinder suchten nach den Eiern, die der Osterhase versteckt hatte. Aber wir suchten nach einem oder mehreren Osterschätzen; außerdem war die Suche mit Aufgaben verbunden. Onkel Karl liebte geheimnisvolle Geschichten und Rätsel. Und so bekamen wir für die Ostereiersuche eine »Schatzkarte« in die Hand. Dort standen Rätselsprüche, die wir lösen mussten – etwa die Hälfte der Aufgaben bezog sich auf die Bibel, die andere Hälfte waren Fragen, die den Hof betrafen. Anhand der Lösungen fanden wir einen Ort, an dem der »Schatz« liegen sollte. Doch der erste Schatz war nur ein kleines Nest mit Eiern – und einem weiteren Rätsel. So verbrachten wir einige Stunden mit der Suche und lernten noch etwas dabei!

Ostereier bemalen – Ein nicht nur symbolisches Vergnügen

Vor den Osterferien war es Tradition, in der Schule Eier auszublasen und zu bemalen. Dabei sind der Fantasie bis heute keine Grenzen gesetzt. Eine Methode, die in der Lausitz ihre Tradition hat, besteht darin, das Ei mit einer dünnen Wachsschicht zu überziehen und dann mit einer Nadel zu »malen«. Dann werden die Eier gefärbt und das Wachs entfernt – übrig bleiben feine, zierliche Muster. Andersherum geht es aber auch: Mit Wachs werden Zeichen, Muster und Symbole aufgetragen, die Eier gefärbt – nach dem Ablösen des Bienenwachses sind die Muster als unbehandelte Stellen zu sehen.

Beim Eierbemalen lieben Erwachsene wie Kinder es, kreativ zu sein. Letztere lernen dabei auch, sich zu konzentrieren und behutsam vorzugehen, denn die ausgeblasenen Eier sind recht zerbrechlich – und auch gekochte Eier können schnell einen Sprung bekommen.

Traditionell haben die Farben eigene Bedeutungen:

- Rot steht für das Opfer Christi.
- Gelb symbolisiert die Weisheit.
- Weiß ist die Farbe der Reinheit.
- Grün steht für das Leben und die Hoffnung der Auferstehung.
- Blau ist die Farbe, die für Festigkeit im Glauben steht.

Ostara-Feuer und andere Bräuche

Jesus ist das »Licht der Welt« – und so hat das Licht auch in Form von Feuer Einzug in die Osterbräuche gehalten. Der Brauch am Osterfest, besondere Kerzen aus gebleichtem Bienenwachs zu entzünden, ist Jahrhunderte alt. Wenn die Osterkerze angezündet wird und der Pfarrer »Lumen Christi« ruft, ist das das Zeichen, dass der Tod vor dem Leben und die Dunkelheit vor dem Licht weicht.
Der Pfarrer entzündet die geweihte Osterkerze am Osterfeuer, das oft vor der Kirche entfacht wird. Mit der entzündeten Kerze betritt er dann die noch dunkle Kirche und ruft dreimal »Lumen Christi«, also »Licht des Erlösers«. Die Gemeinde antwortet traditionell mit »Deo gratias«, also »Dank sei Gott«. Die Flamme wird nun an die Gläubigen, die ihre eigenen Kerzen mitgebracht haben, weitergegeben – ein Symbol für die Verbreitung des Lichts des Glaubens in der Welt.

Große Osterfeuer waren noch zu meiner Jugend sehr verbreitet, doch der Brauch begann schon da schwächer zu werden. In unserem Dorf wurde auf einem Feld ein hoher Holzstoß errichtet, der dann nach Sonnenuntergang am Ostersonntag angezündet wurde. Das war beinahe noch spannender als die Suche nach dem »Osterschatz«. Denn nicht nur in unserem Dorf brannte ein Feuer, sondern ringsum an den Berghängen wurden Feuer entzündet, und so leuchtete es überall im Dunkeln auf – das war ein spirituelles Erlebnis, das die Botschaft von Ostern in die Herzen trug!

Rund um das Osterfeuer gab es weitere Bräuche. Etwas gruselig war das Verbrennen von Puppen, die Judas Ischariot darstellten. Als Kinder war das Verbrennen der Figur ein Spaß – doch heute schüttelt es mich eher, wenn ich daran denke. Viel schöner wird der Brauch, wenn wir die Puppe nicht als Stellvertreter eines bestimmten Menschen sehen, sondern als ein Symbol für unsere eigenen Verfehlungen und Sünden betrachten, die wir dem Feuer anheimgeben.

Ein anderer Brauch war, das Vieh zwischen zwei Feuern hindurchzutreiben, um es vor bösen Mächten zu bewahren. Und besonders die Jugend hatte ihre Freude am Feuer. Die Jugendlichen, natürlich vor allem die jungen Burschen, sprangen über das Feuer, wenn die Flammen nicht mehr hochschlugen – wenn wohl auch eher um ihren Mumm zu zeigen als aus spirituellen Gründen. Aber dennoch haben ja auch solche Mutproben ein bisschen etwas Spirituelles. Ein Jüngling muss sich beweisen, wenn er als Mann gelten will – es ist eine Art Initiationsritus.

Das hat nun mit der Osterbotschaft herzlich wenig zu tun. Wie kommt es dann, dass solche Bräuche dennoch hier und da noch lebendig sind? Ganz einfach, Osterfeuer gab es schon lange vor dem christlichen Osterfest. Beim keltischen Ostara, das Ostern wohl seinen Namen gab, spielten Feuerrituale eine wichtige Rolle. Das Ostara-Feuer ist ein Sinnbild der Sonne, die nun ihre Übermacht über die dunkle Zeit zurückgewinnt. Auch die Ostara-Feuer wurden auf Hügeln und Anhöhen entzündet, so dass ihr Licht möglichst weit leuchtete – denn die Menschen glaubten, dass überall dort, wo das Feuer seinen Schein verbreitete, der Segen der Götter auf den Feldern lag.

Vielerorts, vor allem in Bayern, wird zu Ostern nach uraltem Brauch das Haus gründlich gereinigt und mit frischen Blumen und geflochtenen Kränzen geschmückt.

Wenn eine Jungfrau in der Ostara-Nacht schweigend eine Quelle aufsucht und Osterwasser schöpfen kann, ohne dabei gesehen zu werden, hat sie einen machtvollen Liebestrank gewonnen. Wenn das Osterwasser die Lippen ihres Liebsten berührt, wird sie seine Liebe gewinnen.

Ostern ist ein guter Zeitpunkt für eine weihevolle Räucherung. Ein Büschel Weidenkätzchen wird gebunden und im segnenden Rauch geweiht. Das Palmkätzchenbüschel wird dann als Symbol des Friedens im Herrgottswinkel bis zum nächsten Osterfest aufgehängt. (Der Herrgottswinkel ist ein Ort der Andacht im Haus, der stets mit einem Kruzifix, oft aber auch mit Kerzen, Heiligenbildern, einer Bibel oder Blumen gestaltet ist.) Vor allem in Süddeutschland werden am Karfreitag noch einmal Haus und Hof mit Räucherwerk gereinigt.

- Am Palmsonntag wird in vielen Kirchen in Bayern das Palmbüschel gesegnet. Am Ostersonntag werden dann Körbe mit Speisen, darunter selbst gebackene Osterlämmer und bemalte Ostereier, in der Messe mit Weihrauch geweiht.
- Das Wasser, das zu Ostara an den Quellen geschöpft wird, hat eine besonders heilsame und stärkende Wirkung.
- Dem im Osterfeuer angebrannten Holz haftet eine besondere Kraft an: Es soll vor Blitzschlag schützen, wenn man es im Haus aufbewahrt.

Pfingsten und Beltane

Das Licht empfangen

Den Monatsnamen Mai haben uns die Römer gebracht. Auf Lateinisch hieß der Monat »maius«, nach der Göttin Maia. Doch bis sich der »Mai« bei uns durchsetzte, gab es Namen, die aus der vorrömischen Zeit stammten: »Wunnimanoth«, »Winnemonat«, »Winnemond«. Daher kommt der sprichwörtliche »Wonnemonat« – auch wenn kaum jemand weiß, dass die eigentliche Bedeutung des alten Wortes »Winnemond« der »Weidemonat« ist.

Und doch ist das kein Widerspruch und gibt es keinen Zweifel: Der Mai ist der Wonnemonat. Er macht laut Sprichwort und Liedgut alles grün und neu. Und so ist es meistens auch tatsächlich – wir können in der Natur eine neue, starke Kraft spüren. Es

grünt und blüht überall, die Tiere vermehren sich, und das Korn wächst. Eine wahre Wonne!
Um diese Zeit werden an vielen Orten der Welt Feste gefeiert. Immer geht es dabei darum, die Lebensfreude zu feiern; es sind Lichtfeste, die Ausdruck der übersprudelnden Lebenskraft sind. Die Menschen tanzen und singen und freuen sich des Lebens.

Vielerorts in Deutschland gehört zum Maifest der Maibaum, der am 1. Mai errichtet wird – sofern man ihn nicht zum Pfingstbaum umgedeutet hat und erst zu Pfingsten aufstellt. Aus einem bayerischen Dorf ist der Maibaum gar nicht wegzudenken, so wenig wie die Kirche.

Doch schon in der Nacht zum 1. Mai wird gefeiert. Die »Freinacht« vor dem 1. Mai (oder die »Unruhnacht« vor Pfingsten) ist auch heute noch eine Riesengaudi bei den jungen Burschen (und heute auch Madeln) im ländlichen Bayern. Denn dann ist es erlaubt, oder wird zumindest zähneknirschend geduldet, Streiche zu spielen. Der zentrale Brauch in der Freinacht besteht darin, auf Beutezug zu gehen und zu versuchen, den Maibaum einer benachbarten Gemeinde zu stehlen. Selbstverständlich nicht den des vergangenen Jahres, sondern den neuen! Alle paar Jahre wird ein neuer Baum in der Dorfmitte aufgestellt – der muss jedoch erst einmal bemalt und dekoriert werden, meist in einer Scheune. Und es ist natürlich alles andere als leicht, einen zwanzig Meter langen Maibaum, der auch noch bewacht wird, heimlich davonzuschaffen! Wenn der Diebstahl gelingt, muss der Maibaum durch ein Lösegeld in Form von »flüssigem Gold«, also einem Fass oder mehreren Kästen Bier, zurückgeholt werden.

Am nächsten Tag wird dann der Maibaum, der freilich so gut wie immer ausgelöst wird, aufgestellt, und dabei wird in jedem Dorf ein großes Fest mit Bier, Maiwein und Tanz gefeiert.

Die Regeln des Maibaumstehlens

1. Der Baum darf nicht aus dem Wald gestohlen werden, sondern nur, wenn er sich irgendwo in dem Ort befindet, wo er aufgestellt wird. Sobald er steht, darf man ihn nicht mehr entwenden.
2. Der Baum darf nicht beschädigt werden – ihn gar zu zersägen ist ein Frevel! Den Maibaum muss man mit Respekt behandeln; immerhin dauert es rund 100 Jahre, bis ein Baum zu dieser Größe herangewachsen ist!
3. Wenn ein Maibaumhüter innerhalb seiner Gemeindegrenze die Hand auf den Baum legt und spricht: »Der Baum bleibt da!«, müssen die Diebe ihn widerstandslos herausgeben.
4. Es darf nur der Baum gestohlen werden! Zierrat, Kranz, Tafeln, Farben oder andere Dinge mitzunehmen, die gebraucht werden, ist gewöhnlicher Diebstahl.
5. Ist der Baum wieder ausgelöst, sollen sich die Leut' wieder versöhnen und Frieden halten.

Heia, Walpurgisnacht!

Die Nacht auf den 1. Mai ist aber auch Walpurgisnacht. In dieser Nacht werden also nicht nur Maibäume gestohlen, sondern es ist auch die Zeit des Fürchtens: Die Hexen versammeln sich auf dem Blocksberg, dem Brocken im Harz. So zumindest verbreitete es die Sage nach der Christianisierung. Ihren Namen verdankt die Walpurgisnacht übrigens der heiligen Walburga, einer Äbtissin aus England, die im 6. Jahrhundert lebte und das Christentum in deutschen Landen verbreiten ließ. Im Mittelalter wurde ihr Gedenktag ausgiebig am 1. Mai gefeiert. Und die neun Tage davor waren als »Walpurgistage« bekannt. In dieser Zeit wurden die Kirchenglocken besonders kräftig geläutet, um die Hexen zu vertreiben, und zum Teil geschieht das bis heute. Das Läuten an den Walpurgistagen hieß bei uns »Walpern«. Es gibt aber noch eine weitere Bedeutung von »Walpern« – es bedeutet an anderen Orten nämlich so viel wie zur Walpurgisnacht Schabernack treiben …

Natürlich fragt man sich, woher das kommt, dass man glaubt, es würden sich »Hexen« in der Nacht vom 30. April auf den 1. Mai versammeln und Übles ausbrüten. Der Blocksberg sowie viele andere bewaldete Anhöhen sind als Hexenversammlungsplätze verrufen. Angeblich halten die Hexen dort große Feste ab, treiben Unzüchtiges und hecken Bosheiten aus.

Ich glaube, wir sind uns einig, dass es keine bösen Frauen gibt, die in einer kalten Aprilnacht auf einem Besen zum Brocken

reiten und dort Hexenwerk verrichten. Doch wie viele Sagen, so hat auch der Mythos der Walpurgisnacht einen wahren Kern.
»*Der Walpurgisabend, die Walpurgis-Nacht u. s. f. im gemeinen Leben, der Walper-Abend, die Walper-Nacht. Da sich das Jahr bey den Deutschen, so wohl als den übrigen Europäischen Völkern, in den ältesten Zeiten mit dem ersten May anfing, so ist der in Ansehung der Walpurgis-Nacht bey dem großen Haufen noch herrschende Aberglaube vermuthlich ein Überrest davon, und der bey dem Jahreswechsel ehedem üblichem Gebräuche*«, steht in Adelungs Wörterbuch (1786).
Es gab also schon lange Feste an diesem Tag. Bei den Kelten war es das große Fest Beltane, auf das ich gleich noch zu sprechen komme. Jedenfalls war Beltane ein heidnisches Fest, und das war den christlichen Missionaren verdächtig, weshalb womöglich die Geschichten über die Hexenmessen in die Welt gesetzt wurden.
Dessen ungeachtet sind die uralten Bräuche noch heute in den bäuerlichen Maibräuchen lebendig geblieben. Das sieht man schon daran, dass auch heute noch Maibäume aufgestellt werden, deren Ursprung bei den Kelten und Germanen liegt, bei denen der Maibaum – damals meist eine Birke – als Symbol für die Fruchtbarkeit und als Stellvertreter für den Weltenbaum galt. Der Weltenbaum war bei den Germanen und Kelten ein Symbol für den gesamten Kosmos: Die Wurzeln standen für die Unterwelt, das Totenreich, der Stamm für die Welt der Menschen und die Krone für die Götterwelt.
Auch ist es noch gar nicht lange her, dass man seinen Hof in der Walpurgisnacht durch Peitschenknallen vor Dämonen schützte.

Wie auch immer wir das Fest nennen: Es feiert den Beginn des Sommers, den wir in unseren Herzen und Leibern spüren. Wir fühlen, es beginnt ein kraftvoller, neuer Lebenszyklus. Tatendrang und Übermut kommen auf. Und wie immer stehen wir vor der Aufgabe, das Gleichgewicht zwischen dem, was wir im Augenblick fühlen, und dem, was wir für die Zukunft erwarten, zu finden – und dabei helfen uns nicht nur unsere persönlichen Erfahrungen, sondern auch die Erfahrungen, die sich in den alten Bräuchen niedergeschlagen haben.

Goethes Hexeneinmaleins

Du musst versteh'n!
Aus Eins mach Zehn,
Und Zwei lass geh'n,
Und Drei mach gleich,
So bist Du reich.
Verlier die Vier!
Aus Fünf und Sechs,
So sagt die Hex',
Mach Sieben und Acht,
So ist's vollbracht:
Und Neun ist Eins,
Und Zehn ist keins.
Das ist das Hexen-Einmaleins!

Johann Wolfgang von Goethe

Die spirituelle Bedeutung des Gedichts

Du musst versteh'n!	Nichts ist offensichtlich, sondern man muss über den Sinn nachdenken!
Aus Eins mach Zehn,	Aus dem Einen entsteht durch das Denken die Vielheit.
Und Zwei lass geh'n,	Die Dualität ist nicht die Lösung.
Und Drei mach gleich, So bist Du reich.	Die Dreieinigkeit Gottes ist die Lösung, die spirituellen Reichtum verschafft.
Verlier die Vier!	Denke nicht an die weltlichen Dinge.
Aus Fünf und Sechs, So sagt die Hex', Mach Sieben und Acht,	Strebe zu Höherem!
So ist's vollbracht:	Das ist das Ziel:
Und Neun ist Eins,	Das Viele wird zum Einen.
Und Zehn ist keins.	Und alles geht in Gott gänzlich auf.
Das ist das Hexen- Einmaleins!	Das ist die wahre magische Kunst!

Beltane – das keltische Freudenfest

Das große keltische Fest Beltane wird um den 1. Mai gefeiert und hat heidnische Wurzeln. Ist es nur den alten Traditionen zu verdanken, dass wir den 1. Mai feiern? Vielleicht. Doch viel wahrscheinlicher entspricht das Feiern einfach dem Lebensgefühl, das wir Menschen dann verspüren: Der Sommer, die Zeit des Lichts und der Lebendigkeit bricht an. Und das muss gefeiert werden!

In der Nacht auf den 1. Mai wird Beltane gefeiert. Mancherorts wird es aber auch nach dem Mondkalender festgelegt, wonach das Fest auf den fünften Vollmond fällt. Danach kann sein Zeitpunkt bis zu vier Wochen abweichen und auch später im Mai stattfinden. Das verbindet diesen großen keltischen Feiertag wieder mit den christlichen Festen Christi Himmelfahrt und Pfingsten, die sich ja ebenfalls nach dem Mond richten.
Beltane ist zugleich der Sommeranfang und der Beginn des neuen keltischen Jahres. Vielleicht verbinden Sie mit »Sommer« eher die Hitze des Juli und August, die Fahrten an die Badeseen und die flimmernde Luft über den Feldern? So ging es unseren Vorfahren auch. Denn früher gab es zwei Sommer – am 1. Mai, an Beltane, begann der »erste Sommer«. Die Bräuche zu Beltane gleichen zum großen Teil denen der heutigen Maifeiern und dem Brauchtum zur Walpurgisnacht.
Das Beltane-Fest ist als Feuerfest überliefert. Ähnlich wie bei den Ostara-Feiern spielt das Feuerelement darin eine wichtige Rolle.

Auch bei diesem Fest war es üblich, das Vieh zur Weihe und Reinigung zwischen zwei Feuern hindurchzutreiben. Auch die Mutprobe des »Feuersprungs« findet sich bei den Beltane-Feiern wieder – allerdings unter anderen Vorzeichen: Es sind nun vor allem Paare, die über das Feuer springen, um ihrer Verbundenheit Ausdruck zu verleihen. Auch heute sagt man über einen geliebten Menschen, dass man für ihn durchs Feuer gehen würde.

Ein wichtiger Aspekt des Festes ist die Liebe, besonders die körperliche Liebe. Daraus entstanden später die Gerüchte über Hexen oder Heiden, die nackt ums Feuer tanzen und Unzucht treiben. Beltane feiert die Vereinigung von Mann und Frau. Man würde das nun ganz falsch verstehen, wenn man meinte, dass Beltane eine Art keltische Sexorgie war. Es geht um Tieferes: die Vereinigung des Weiblichen mit dem Männlichen und die Fortsetzung des Lebens. Und da schwang eine weitere Bedeutung mit: Das rituelle Vollziehen der Liebesakte auf den Feldern sollte die menschliche Fruchtbarkeit auf den Boden übertragen und zu einer reichen Ernte beitragen. Manche Riten, die mit der Vereinigung von Mann und Frau zu tun haben, haben sich noch lange gehalten. Vielleicht haben sich auch nur die Erzählungen darü-

ber gehalten, weil sie recht pikant sind: Die sogenannten »Brautsteine« im Wendland sind der Sage nach versteinerte Liebespaare – und wenn ein Mädchen einen jungen Mann begehrt, rutscht sie nackt über diese Steine, und ihr Wunsch wird wahr.
Es drehte sich aber auch an Beltane nicht ausschließlich alles um den Liebesakt. Es wurden Märkte abgehalten, die Ältesten versammelten sich, um zu beratschlagen, und man sprach Recht. Dies war eine Zeit der Zusammenkunft und der Gemeinschaft, in der auch Entscheidungen getroffen wurden, die für den Zusammenhalt wichtig waren. Immer aber wurde getanzt, gesungen, musiziert, geliebt und der Beginn des ersten Sommers gefeiert – um den Baum herum, ähnlich wie heute.

Das Herabkommen des Heiligen Geistes

Pfingsten ist im Christentum eines der wichtigsten Feste. Da es nicht so sinnlich ist wie die beiden anderen Großfeste Weihnachten und Ostern, die Geburt und der Tod und die Auferstehung Jesu, ist es nicht so beliebt. Seine spirituelle Bedeutung ist jedoch ebenso groß.
Am 50. Tag nach Ostern wird die Entsendung des Heiligen Geistes gefeiert. Das ist nicht so leicht fassbar wie eine Geburt oder wie der Tod; ja sogar weniger fassbar als die Auferstehung. Was soll man sich unter der »Ausschüttung des Heiligen Geistes« vorstellen?

Nun, so steht es in der Apostelgeschichte (2, 1-4): *»Und als der Pfingsttag kam, waren die Apostel alle an einem Ort zusammen. Plötzlich kam ein Brausen vom Himmel, wie von einem gewaltigen Wind, und erfüllte das ganze Haus, in dem sie saßen. Und es erschienen ihnen feurige Zungen, die sich auf einen jeden von ihnen setzten. Und sie alle wurden vom Heiligen Geist erfüllt und fingen an, in andern Sprachen zu predigen, so wie es der Heilige Geist eingab.«*

Das war das »Pfingstwunder«: die übernatürliche Gabe der Jünger, in fremden Sprachen zu sprechen und das Evangelium unter allen Völkern zu verbreiten. Pfingsten wird im Christentum auch als die eigentliche Gründung der Kirche verstanden.

Den direkten Bezug von Pfingsten und Beltane herzustellen – einmal davon abgesehen, dass beide Feste im Mai im Festtagskalender verankert sind – ist nicht einfach. Aber ist die spirituelle Bedeutung von Beltane und Pfingsten nicht doch ähnlich? Einerseits wohl kaum, denn zu Pfingsten vereinigen sich Paare nicht auf den Feldern – und täten sie es, wäre der Pfarrer vermutlich wenig angetan. Andererseits sollte man hier vielleicht stärker die spirituelle Bedeutung beider Feste betrachten: Es geht um das Verbindende zwischen den Menschen, über den Aufbruch zu etwas Höherem, um das Wunder des Lebens.

Nehmen wir die Feste doch zum Anlass, den Sinn dahinter zu spüren. Wie der Mai sich in der Natur entfaltet und sich zu dem großen Bild des Blühens und der Fruchtbarkeit fügt – und wie wir Menschen Teil dieses großen Bildes sind. Indem wir unsere

Herzen öffnen und den Heiligen Geist, der uns alle Sprachen verstehen hilft, einlassen, verbinden wir uns mit etwas Höherem als uns selbst.

Pfingstsonntage von 2015 bis 2025

Jahr	Pfingstdatum
2015	24. Mai
2016	15. Mai
2017	4. Juni
2018	20. Mai
2019	9. Juni
2020	31. Mai

Jahr	Pfingstdatum
2021	23. Mai
2022	5. Juni
2023	28. Mai
2024	19. Mai
2025	8. Juni
2026	24. Mai

Rituale, Mythen, Traditionen

Das Fest der Paare

Das Brauchtum bei den Festen des ersten Sommers rankt sich oft um junge Paare – Liebende sind ein Sinnbild für die menschliche Gemeinschaft, denn erst durch ihre Vereinigung kann sie fortbestehen. Diese Wahrheit ist natürlich in Bräuchen »versteckt«; aber das Maibrauchtum hat immer mit Freude, Spaß und Sexualität zu tun.

- Der Maisprung: Verliebte springen gemeinsam über das heruntergebrannte Maifeuer, um ihre Verbundenheit zu zeigen und zu vertiefen.
- Der Maistrich: In der Nacht ziehen junge Burschen los und verbinden sich symbolisch mit der Geliebten, indem sie eine Verbindungslinie zwischen ihrem Haus und dem ihrer Angebeteten ziehen – beispielsweise mit Kalk, Kreide oder Sägespänen.
- Der Tanz in den Mai: Tanzen ist im Grunde immer auch ein Werberitual. In unserer Zeit ist das durch Kunst und gesellschaftliche Konventionen überformt – doch getanzt wird und wurde weltweit, zu allen Zeiten, in allen Kulturen. Tanzen ist ein ganz ursprüngliches Ritual. Um die Ausgelassenheit und Sinnlichkeit zu steigern, wurde auch schon immer ein wenig »nachgeholfen«. Bei uns hilft die Maibowle, um sich etwas gelöster zu fühlen und einen Tanz zu wagen.
- Das Birkenstecken: In manchen Regionen ist der Maibaum eine ganz persönliche Aussage – junge Männer ziehen in die Wälder, um ihrer Liebsten einen kleinen »Maibaum« in Form einer Birke vor das Haus zu stellen.
- Das Pfingstsingen: Mancherorts ist das Pfingstsingen noch üblich – sozusagen ein akustischer Maibaum für die Liebste. Die Burschen ziehen zu den Häusern der von ihnen angehimmelten Mädchen und bringen ihnen ein Pfingstständchen. Das erfordert wahrscheinlich oft mehr Mut als der Maisprung ...

Das reinigende Feuer

Das Feuer spielt bei vielen der ursprünglichen Feste eine wichtige Rolle. Bei den Walpurgisfeuern gibt es noch einen interessanten Hintergrund: Nach dem Volksglauben soll der Gang zwischen zwei Walpurgisfeuern hindurch reinigen und Seuchen fernhalten – die heilige Walburga wird schließlich seit jeher als Schutzheilige gegen Pest, Husten und Tollwut angesehen. Das hat jedoch einen durchaus »wissenschaftlichen« Hintergrund: Feuer und Rauch schlagen ja in der Tat Ungeziefer und Krankheitsüberträger in die Flucht – davon konnten die Menschen vergangener Zeiten allerdings noch nichts wissen.

Dasselbe galt auch für die Beltane-Feuer, die »böse Geister« vertreiben sollten. Vielleicht sind mit diesen Geistern auch die bösen, winzigen Plagegeister gemeint, die Krankheiten bringen. Nicht zu vergessen aber auch die bösen Geister der Trübsal in uns, die wir durch das sinnliche Feiern und die Freudenfeuer vertreiben können.

Allerley Bosheiten

Ein wenig Bosheit gehört wohl zum Menschen. Das Brauchtum trägt dem Rechnung – selbst im christlichen Brauchtum. In der Pfalz, der Eifel und im Saarland gibt es das »Walpern« (nicht zu verwechseln mit dem »Walpern« als Glockenläuten an den Walpurgistagen). Hier ist »walpern gehen« dasselbe wie »Unfug treiben«. Andernorts heißt die Walpurgisnacht auch »Freinacht« – auch dabei geht es um Schabernack, wie das Stehlen des Maibaums.

In anderen Teilen Deutschlands und Österreichs hat sich das Christentum mehr durchgesetzt, und Pfingsten spielt eine weit größere Rolle als der 1. Mai. Doch der Brauch blieb gleich: In der Nacht von Pfingstsonntag auf Pfingstmontag ist dort die »Bosheitsnacht« oder »Unruhnacht«. Ursprünglich sollten in dieser Nacht böse Geister durch Krach und Peitschenknallen vertrieben werden – doch heute entspricht das Brauchtum dieser Nacht der »Freinacht«, wie es in den meisten Regionen Bayerns geübt wird: Den Leuten werden Streiche gespielt, beispielsweise Gartentüren ausgehängt und versteckt oder schwere Blumengefäße vor die Haustür gestellt. Im Allgäu heißt das auch »Pfingstlümmeln«.

Lebendige Walpurgisnacht

Die Walpurgisnacht wird tatsächlich auch heute noch oder wieder gefeiert – und zwar in Heidelberg. Dort kommen jedes Jahr in der Walpurgisnacht mehrere Tausend Menschen zur alten germanischen Thingstätte auf dem Heiligenberg. Das Fest, das sie dort feiern, kommt ganz ohne elektrisches Licht oder kommerzielle Verkaufsstände aus. In den letzten Jahren interessieren sich immer mehr Menschen für altes Brauchtum aus vorchristlicher Zeit – und insbesondere bei den vielen Studenten in Heidelberg ist das Fest sehr beliebt.

BAUERNREGELN: DIE EISHEILIGEN

Die Eisheiligen heißen auch »gestrenge Herren« (obwohl eine Dame dabei ist). Das Gestrenge zeigt sich vor allem im Wetter. Eigentlich sind es fünf Gedenktage an Heilige, die alle entweder Bischöfe oder Märtyrer oder beides waren und im 4. und 5. Jahrhundert lebten:

- Mamertus 11. Mai
- Pankratius 12. Mai
- Servatius 13. Mai
- Bonifatius 14. Mai
- Sophia 15. Mai

Die Bauernregel besagt, dass es an diesen Tagen zu einem Kälteeinbruch kommt. Das stimmt ziemlich genau – wenn man die Kalenderreform von 1582 bedenkt. Die Gedenktage der Heiligen blieben; doch da der Kalender verschoben wurde, sind die meteorologischen Eisheiligen etwa elf Tage später. In Bayern noch einen Tag später, da die Eisheiligen dort mit Pankratius beginnen, im Norden Deutschlands hingegen mit Mamertus. Kein Wunder, denn die kalte Luft kommt aus der Arktis und kommt damit im Süden Deutschlands etwa einen Tag später an.

- Vor Bonifaz kein Sommer, nach der Sophie kein Frost.
- Pankraz, Servaz, Bonifaz machen erst dem Sommer Platz.
- Vor Nachtfrost du nie sicher bist, bis die Sophie vorüber ist.
- Pankrazi, Servazi und Bonifazi sind drei frostige Bazi.
- Pflanze nie vor der Kalten Sophie.
- Mamertius, Pankratius, Servatius bringen Kälte, Frost, Verdruss.

Mondwissen

Meine Großmutter wusste wie die meisten älteren Menschen, die auf dem Land aufgewachsen sind, dass der Mond einen starken Einfluss auf alles Lebendige hat. Bis in dieses Jahrhundert hinein waren Mondkalender ziemlich normal. Die Bauern richteten sich nach dem Mond, um die günstigsten Termine für Aussaat und Ernte zu finden.

Es ist eine freudig überraschende Tatsache, dass sich, nachdem so vieles Alte in Vergessenheit geriet, heute wieder mehr Menschen für das alte Brauchtum und das alte Wissen interessieren. Inzwischen ziehen viele Menschen bei ihren Unternehmungen und in ihrem Alltag den Mondkalender zurate und achten so wieder mehr auf den Mond und seine Wirkung.

Der Mond ist ein sehr interessantes Thema; es würde jedoch den Umfang dieses Buches sprengen, es eingehend zu behandeln. Deshalb hier nur ein paar kurze Hinweise auf die Wirkung des Mondes auf Mensch und Natur.

Ganz allgemein kann man sagen, dass der Mondzyklus ein Jahr im Schnelldurchlauf ist – natürlich verändert sich nicht immer das Wetter, doch die Wirkung auf Seele und Lebenskraft entspricht in den Mondphasen den Jahreszeiten.

Das Neumond-Viertel: die Zeit von Neumond bis Halbmond
Diese Zeit ist besonders gut, um Dinge zu beginnen. Der Mond fördert das Wachsen, den Neubeginn und die Kreativität. Das Neumond-Viertel entspricht dem Frühling.

Das zweite Viertel: die Zeit von Halbmond bis Vollmond
Wenn der Mond allmählich voll wird, fördert er das Heranreifen zur Fülle. Es ist nun eine gute Zeit, um Pläne und Aufgaben zu verwirklichen. Im Sonnenlauf entspricht das zweite Viertel dem Sommer. In dieser Phase wirkt alles, was heilt, aufbaut und nährt, besonders gut. Sanfte Naturheilmethoden schlagen in dieser Zeit am besten an.

Das Vollmond-Viertel: die Zeit von Vollmond bis Halbmond
Jetzt ist die Zeit günstig, um noch einmal genau hinzusehen. Der Mond unterstützt die Beobachtungsgabe, das Lernen und Genießen. Im Jahreslauf entspricht das Vollmond-Viertel dem Herbst. Heilkräftige Pflanzen und Kräuter, die in dieser Zeit gesammelt werden, wirken besonders stark.

Das letzte Viertel: die Zeit von Halbmond bis Neumond
Der Mond erleichtert nun das Aufräumen und Loslassen. Es ist ein günstiger Zeitpunkt, um sich von Dingen oder Menschen zu trennen und zur Ruhe zu kommen. Alles, was entgiftet oder reinigt, tut jetzt besonders gut. Der Winter entspricht im Jahreslauf dem letzten Viertel des Mondzyklus.

Vollmonde 2015 bis 2025

	1.	2.	3.	4.	5.	6.	7.	8.	9.	10.	11.	12.	13
2015	5.1.	4.2.	5.3.	4.4.	4.5.	2.6.	2.7.	31.7.	29.8.	28.9.	27.10.	25.11.	25.12.
2016	24.1.	22.2.	23.3.	22.4.	21.5.	20.6.	20.7.	18.8.	16.9.	16.10.	14.11.	14.12.	-
2017	12.1.	11.2.	12.3.	11.4.	10.5.	9.6.	9.7.	7.8.	6.9.	5.10.	4.11.	3.12.	-
2018	2.1.	31.1.	2.3.	31.3.	30.4.	29.5.	28.6	27.7.	26.8.	25.9.	24.10.	23.11.	22.12.
2019	21.1.	19.2.	21.3.	19.4.	18.5.	17.6.	16.7	15.8.	14.9.	13.10.	12.11.	12.12.	-
2020	10.1.	9.2.	9.3.	8.4.	7.5.	5.6.	5.7	3.8.	2.9.	1.10.	30.11.	30.12.	-
2021	28.1.	27.2.	28.3.	27.4.	26.5.	24.6.	24.7	22.8.	21.9.	20.10.	19.11.	19.12.	-
2202	18.1.	16.2.	18.3.	16.4.	16.5.	14.6.	13.7	12.8.	10.9.	9.10.	8.11.	8.12.	-
2023	7.1.	5.2.	7.3.	6.4.	5.5.	4.6.	3.7	1.8.	31.8.	29.9.	28.10.	27.11.	27.12.
2024	25.1.	24.2.	25.3.	24.4.	23.5.	22.6.	21.7	19.8.	18.9.	17.10.	15.11.	15.12.	-
2025	13.1.	12.2.	14.3.	13.4.	12.5.	11.6.	10.7	9.8.	7.9.	7.10.	5.11.	5.12.	

Wenn Sie die Vollmonddaten wissen, kennen Sie auch die Termine der anderen Mondphasen: Bis zum 14. Tag nach Vollmond nimmt der Mond ab, am 14. Tag ist Neumond, und danach nimmt der Mond wieder zu, bis wieder 14 Tage später der Vollmond am Himmel steht.

Die alten Monatsnamen

Unsere Monatsnamen stammen von den Römern. Besonders vielsagend sind sie nicht: Götter (Janus, Mars, Maia, Juno), Kaiser (Julius, Augustus), Tätigkeiten (februare: reinigen, aperire: öffnen) und die letzten vier Monate sind einfach »Monatsnummern«. September, der siebte Monat, Oktober, der achte, November, der neunte und Dezember, der zehnte Monat. Das ist natürlich insofern interessant als man sofort sieht, dass die Römer das Jahr anders einteilten.
Die altdeutschen Namen der Monate beziehen sich dagegen auf Ereignisse, die für die Landwirtschaft wichtig waren:

Januar	Hartung (Kältemonat) oder Wintarmanoth (Wintermonat)
Februar	Hornung (Monat, in dem das Rotwild sein Geweih abwirft)
März	Lenzing oder Lenzimanoth (Monat der länger werdenden Tage)
April	Ostaramanoth (Monat des Ostara-Festes)
Mai	Winnemanoth (Weidemonat, später als Wonnemonat umgedeutet)

Juni	Brachet oder Brachmanoth (Monat des Pflügens der brachliegenden Felder)
Juli	Heuert oder Hewimanoth (Monat, in dem das Heu gemäht wird)
August	Ernting oder Aranmanoth (Monat, in dem die Erntezeit beginnt)
September	Scheiding (Monat des Sommerendes) oder Witumanoth (Holzerntemonat)
Oktober	Gilbhard (Monat der gelben Blätter) oder Windumemanoth (Weinmonat)
November	Nebelung (Nebelmonat) oder Herbistmanoth (Herbstmonat)
Dezember	Julmond (Monat des Julfestes) oder Heilagmanoth (heiliger Monat)

Mittsommer und Johannistag

Der längste Tag

Das gehört zu den schönsten Erinnerungen an meine Kindheit – der Sommer war endlich ganz da, manchmal gab es hitzefrei, wir radelten an den Badesee. Und: Wir freuten uns auf Johanni.

Johanni ist der Tag, an dem Christen der Geburt Johannes des Täufers am 24. Juni gedenken. Die Johannisnacht, in der die Johannisfeuer entzündet werden, ist die vom 23. auf den 24. Juni. Wussten Sie, dass es nur drei christliche Feste gibt, die Geburtstage feiern? Das ist Jesu Geburt, die Geburt des Johannes und die Geburt der Gottesmutter Maria. Die Gedenktage der Heiligen sind in der Regel deren Todestage oder der Zeitpunkt ihrer Heiligsprechung.

Johanni ist ein christlicher Gedenktag – aber selbst damals im ländlichen, sehr katholischen Bayern sagten die Leute oft »Sonnwendfeuer« statt »Johannisfeuer« dazu. Ich kann mich erinnern, dass der Herr Pfarrer, wenn er das hörte, ganz streng schaute und den Frevler belehrte, zu wessen Gedenken das Fest stattfand und dass die Sonnwende ohnehin an einem anderen Tag sei. Da hatte er recht. Die Sommersonnwende ist am 21. Juni.
So ganz recht hatte er allerdings dann auch wieder nicht. Der Johannistag wurde nämlich auf den 24. Juni gelegt, weil man das aus einer Stelle des Lukas-Evangeliums (1,26–38) errechnet hatte. Johanni sollte drei Monate nach Mariä Verkündigung und sechs Monate vor Weihnachten liegen. Das Weihnachtsdatum selbst ist aber ebenfalls nicht von Beginn an überliefert, sondern wurde von der Kirche festgelegt. Und wenn wir jetzt auch noch wissen, dass das antike Datum der Sommersonnwende zwischen dem 22. und dem 24. Juni lag, kommen wir leicht zu dem Schluss, dass die Sonnwende und Johanni doch nicht ganz zufällig so nahe beieinander liegen.

Traditionelle Feste liegen eben nie »zufällig«. Sie sind ein ganz ursprünglicher Ausdruck der Menschen, dass jetzt ein besonderer Zeitpunkt im Jahreskreislauf der Natur gekommen ist. Deshalb gab es schon lange vor Johanni Feuerfeste. Das Mittsommerfest wurde in vielen Kulturen seit Menschengedenken gefeiert – möglicherweise sogar schon in der Steinzeit. Schließlich ist die Sonnwende ganz objektiv ein bedeutendes oder

zumindest wichtiges Ereignis: Es ist der längste Tag des Jahres. Von nun an werden die Tage wieder kürzer.
Viele Länder betrachten die Sommersonnwende als Beginn des Sommers. Woher kommt dann das Wort »Mittsommer«? Nun, sicher ahnen Sie es, wenn Sie die vorausgegangenen Kapitel gelesen haben: Früher galt Beltane, der 1. Mai, als Sommeranfang. Sommeranfang – das war der Beginn des »ersten Sommers«. Und nun, mit der Sonnwende, beginnt der »zweite Sommer«. Demnach liegt die Sommersonnwende tatsächlich etwa in der Mitte der Jahreszeit, die wir als Sommer bezeichnen. Auch in Ländern, in denen heutzutage der kalendarische Sommer zur Sonnwende beginnt, heißt der Tag dennoch Mittsommer.

Tanz um das Feuer

Wir sind nun schon des Öfteren dem Feuer begegnet – das Feuer ist so wichtig für die Menschen, dass es bei allen großen Festen eine Rolle spielt.
Ursprünglich sollte das Mittsommerfeuer Dämonen und Geister abwehren. Das blieb auch noch so, als man zu Mittsommer Johannes des Täufers gedachte. Der Volksglaube bewahrt vieles auf. So gibt es noch den Glauben, dass das Johannisfeuer böse Kräfte verscheuche, Kinder stark und gerade wachsen lasse, das Vieh beschütze und Hagel verhüte.
Ich glaube allerdings, dass die ältesten Elemente des Johannisfeuers das Feuer selbst und der Tanz um das Feuer sind. Das

bedeutende Ereignis der Sonnwende wurde schon vor Urzeiten gebührend gefeiert. Und was wird da genau gefeiert? Die Sonne natürlich. Beim Johannisfeuer sieht man daher oft auch ein feuriges, sich drehendes Rad – nicht unbedingt ein Symbol des Christentums, aber sicherlich ein sehr kraftvolles Bild für die Sonne!

Ein Brauch, der wohl ebenfalls sehr alt ist und nicht so leicht mit dem Christentum verbunden werden kann, ist das sogenannte »Hanslverbrennen«: Dabei werden Strohfiguren dem Feuer als Opfergabe geschenkt.

Ich kann mich gut erinnern, wie Johanni bei uns gefeiert wurde. Mein Freund, der Schreinerjunge Manni, der Baumhäuser und andere großartige Dinge baute, saß direkt an der Quelle. Es fiel in der Schreinerei ja viel Restholz an – ideal, um ein großes Johannisfeuer zu errichten. Der Holzstoß war bestimmt drei oder gar vier Meter hoch. Wir Kinder warteten gespannt darauf, bis das Feuer endlich entzündet würde. Das größte Feuer weit und breit!

Das Johannisfeuer war aber kein Kinderfest. Wir durften zwar dabei sein, doch die Erwachsenen wussten auf ihre Art zu feiern. Ich kann mich erinnern, dass immer mehrere Bierfässer bereitstanden, die mir damals als Kind riesengroß erschienen. Das Bier floss in Strömen, ein Schwein wurde an einem Feuer gebraten, die Erwachsenen tanzten ums Feuer und wurden immer lustiger. Wir Kinder bekamen natürlich kein Bier (aber wir waren auch mit Malzbier ganz zufrieden), streunten herum und fühlten uns einfach nur großartig. Besonderen Spaß hatten wir daran, Äpfel und Kartoffeln an Stöcken im Feuer zu rösten. Und dann, als das Feuer schon fast heruntergebrannt war, sprangen auch die Mutigeren von uns Kindern über das Feuer. Ich selbstverständlich auch.

Spirituelle Bedeutung

Die Stimmung, die sich um die Sonnwende herum in der Natur ausbreitet, spiegelt sich auch in unserer Seele wider. Das Feiern ist ein Teil davon, doch es ist gut, auch ein wenig Zeit dafür zu verwenden, zu Mittsommer in sich hineinzuspüren.

In der Natur ist der Höhepunkt (der Sonne) überschritten. Das ist ein guter Anlass, darüber nachzusinnen,

- was der Höhepunkt unseres eigenen Lebens ist, war oder sein sollte;
- ob der Gipfel unserer Leistungsfähigkeit das Ende unserer Entwicklung ist – oder vielleicht sogar erst der Anfang;
- wie wir auch schon in der Mitte unseres Lebens Wege finden können, mit dem allmählichen Schwinden unserer Lebenskraft umzugehen.

Nachsinnen hat jedoch nichts mit Grübeln zu tun: Wenn Sie eine Besinnungsübung zur Sommersonnwende machen möchten, ist das eine bewusst gelenkte, geistige Handlung, die nicht mit negativem Denken verwechselt werden darf. Dazu könnten Sie beispielsweise folgendermaßen vorgehen:

- Wählen Sie einen Tag um die Sonnwende herum (es muss nicht genau der Tag der Sonnwende oder der Johannistag sein), der warm und trocken ist.
- Suchen Sie sich eine Stelle im Wald, auf einem Feld oder auf einer Wiese, wo Sie Ihr Ritual vollziehen wollen.
- Gehen Sie nach Sonnenuntergang dorthin, legen Sie sich auf den Boden und beobachten Sie eine Weile den Sternenhimmel.
- Setzen Sie sich dann mit geradem Rücken hin und lauschen Sie der Nacht.
- Schließen Sie die Augen und machen Sie sich ganz bewusst, dass Sie gerade eine der kürzesten Nächte erleben und dass die Nächte von nun an immer länger werden.
- Versuchen Sie, Ihr Leben als den Ablauf eines Jahres zu betrachten: Blicken Sie kurz auf den Frühling und den ersten

Sommer zurück, vielleicht auch schon auf den Hochsommer oder Herbst Ihres Lebens.

- Sehen Sie sich das Vergangene liebevoll an. Auch wenn einiges davon nicht so schön war – es ist vorbei. In jedem Augenblick beginnt Ihr Leben wieder von Neuem.
- Öffnen Sie sich für die Zukunft, von der Sie nicht wissen, was sie bringt. Vertrauen Sie darauf, dass Sie den richtigen Weg für sich finden werden.
- Wenn Sie merken, dass Sie zu grübeln beginnen, kehren Sie wieder zu Ihrer Betrachtung zurück.
- Wenn Ihnen Ihr Gefühl oder Ihr Körper sagt, dass es nun genug ist, legen Sie sich noch einmal auf den Rücken und betrachten den Sternenhimmel.

Mittsommernachtsträume

An den großen Festen unserer Vorfahren, so sagte man, kommen sich unsere Welt und die »Anderswelt«, die Welt der Naturgeister, Feen und Elfen, näher – und die sonst unsichtbaren Wesen können von sensiblen und aufmerksamen Menschen wahrgenommen werden. Doch die Gabe ist jedem angeboren; man muss sich nur für das Wunderbare öffnen.

Einer der Wege, die uns in die Anderswelt führen, ist der Traum. In unseren Träumen sehen wir Dinge, die, bei Tageslicht betrachtet, nicht wirklich da sind … und die dennoch ihre eigene Wirklichkeit haben. Unsere Träume zeigen uns unsere Seele, unsere Bedürfnisse, unsere Wünsche, unsere Ängste – die Dinge, die nicht sind, aber sein könnten.

Mittsommer ist eine gute Gelegenheit, damit zu beginnen, mehr auf unsere Träume zu achten.

Träume deuten

Wohl seit Anbeginn der Menschheit stellen sich Menschen die Frage nach der Bedeutung ihrer Träume. Zu selten vertrauen sie dabei auf ihre eigene Intuition und suchen die wesentlichen Antworten leider viel zu oft außerhalb ihrer selbst. Früher waren es Weise oder Priester, die dabei halfen, Träume zu deuten. Heute sind es Psychoanalytiker oder Autoren von Traumdeutungslexika.

Auch in diesem Fall hat sich durch den »Fortschritt« nichts gebessert – eher im Gegenteil.

Wenn unsere Seele sich der Träume bedient, zeigt sie uns, was in uns verborgen ist. Es ist, als ob unser Herz versucht, mit dem Verstand zu sprechen. Träume erzählen uns etwas über uns selbst.
Bevor wir anfangen, unsere Träume zu deuten, tun wir gut daran, erst einmal zu lernen, unseren Träumen auch wirklich zuzuhören. Denn nur wer richtig zuhören kann, kann auch etwas verstehen.
Gehen wir behutsam mit uns um. Schon allein dass wir uns den Träumen zuwenden, führt dazu, dass wir unseren Verstand und unser Herz ein wenig versöhnen. So, wie wir auf unsere Träume zugehen, kommen diese auch auf uns zu. Durch die Aufmerksamkeit, die wir unseren Träumen schenken, gewinnen sie an Farbe und Tiefe. Indem wir zuhören, lernen wir allmählich, ihre Sprache zu verstehen.
Dabei genügt es meist schon, die Frage zu stellen: »Was will mir mein Traum sagen, was bedeutet er?« Allein diese Frage öffnet unser Bewusstsein.

Ich habe festgestellt, dass ein paar »Regeln« es sehr erleichtern, die Botschaft der Träume zu verstehen.

- Beachten Sie vor allem das, was Ihnen ganz spontan zu Ihrem Traum einfällt.
- Suchen Sie nach der einfachen, naheliegenden Lösung und fragen Sie sich, inwiefern diese Lösung bereits eine ausreichende Antwort auf die Frage nach dem Sinn Ihres Traums zu geben vermag. Träume sind, im Gegensatz zu dem, was die Psychoanalyse behauptet, keine Rätselspiele.

- Richten Sie Ihre Aufmerksamkeit nicht auf einzelne Teile, sondern betrachten Sie die Gesamtsituation des Traums.
- Suchen Sie nicht nach der Symbolik einzelner Elemente, sondern versuchen Sie, den Zusammenhang zu verstehen.
- Beachten Sie insbesondere die Gefühle, die Sie in Ihrem Traum erleben. In welche Stimmung hat Ihr Traum Sie versetzt? War Ihr Traum von Heiterkeit, Freude, Lust und Begeisterung geprägt, oder herrschten eher Angst, Traurigkeit und dunkle Gefühle vor?
- Würden Sie Ihre Lebenssituation gerne gegen Ihre Traumsituation eintauschen? Hat Ihnen Ihr Traum gezeigt, was passieren würde, wenn Sie eine höhere Stufe der Entwicklung beschreiten und lernen würden, Ihr Potenzial besser auszuschöpfen?
- Vergleichen Sie die Trauminhalte mit Ihrem Alltag: Was glauben Sie, welcher Bereich Ihres täglichen Lebens könnte am ehesten mit Ihrem Traum zusammenhängen? Ihre Arbeit, die Familie, die Beziehung zu Ihrem Partner oder einem Freund, die Gesundheit, Ihre kreativen Tätigkeiten oder andere Bereiche?

Träume sind in gewisser Weise Reisen in die »Anderswelt« – in die Welt, in der die Gefühle und nicht der Verstand und die Effektivität herrschen. Was auch immer Sie aus dieser Welt mitbringen können, kann sich in einen Schatz verwandeln ...

Rituale, Mythen, Traditionen

Mittsommerblumen

Die Träume junger Mädchen und die Liebe! In der Mittsommernacht gibt es einen schönen Brauch, der beide betrifft: Die Jungfrauen sollen in der Mittsommernacht schweigend sieben verschiedene Blumenarten auf sieben Wiesen pflücken und den Strauß unter ihr Kopfkissen legen. Dann werden sie von demjenigen träumen, den sie einst heiraten werden.
Aber Vorsicht: Wenn sie beim Blumenpflücken den Mund auftun oder jemandem von ihren Träumen erzählen, kann es eine unglückliche Liebe werden!

Mit Blumen hat auch die Johanniskrone zu tun. Die Krone wird erst aus Zweigen und Laub geflochten. Dann werden Blumen hineingesteckt, und der Kranz wird mit bunten Bändern verziert. Anschließend hängt man die Johanniskrone auf dem Dorfplatz auf – solange die Krone ihre grünen Blätter und Blüten behält, wird abends getanzt. Geschickterweise flechten daher manche auch Papierblumen mit in die Johanniskrone ein – die verwelken nicht so schnell, und man kommt häufiger zum Tanz.

Die Sonnwendfeier als Kulturerbe

In den Alpen wird die Mittsommernacht vielerorts mit Bergfeuern gefeiert. Das ist ein Anblick, der die Seele weit werden lässt, wenn man im dunklen Tal steht und an den Berghängen die Feuer lodern. Die UNESCO hat die traditionellen Bergfeuer um das österreichische Ehrwald herum sogar zum immateriellen Kulturerbe Österreichs ernannt!

Lostage und Schwendtage

Alle alten Bauern kennen die Lostage und die Schwendtage – Tage, die besonders förderlich sind, und solche, an denen man aufpassen muss. Die Lostage geben Auskunft über günstige Zeitpunkte, beispielsweise für die Aussaat, und verraten, wie die Ernte wohl ausfallen wird.

Beispiele für Lostage

- 2. Februar: Mariä Lichtmess, »Darstellung des Herrn«
- 11.-15. Mai: die Eisheiligen
- 24. Juni: der Johannistag, Johannes des Täufers Geburt
- 25. Dezember: der Weihnachtstag, Christi Geburt

Die Schwendtage oder, wie man bei uns sagte, »die verworfenen Tage« sind dagegen eher Unglückstage. Meine Großmutter wurde nicht müde zu warnen, wenn ein Schwendtag kam: »Fangt's nur nichts Neues an! Ihr wisst's, wie es dem Luzifer ergangen ist!« Es wäre undenkbar gewesen, an einem Schwendtag zu heiraten, zum Arzt zu gehen oder ein Geschäft abzuschließen. Meine Großmutter kannte aber auch Ausnahmen von dieser Regel. Oder eigentlich waren es keine Ausnahmen, sondern nur eine konsequente Fortsetzung: Immer wenn es darum ging, etwas zu »verwerfen«, waren die verworfenen Tage gut dafür – das galt beispielsweise fürs Haareschneiden, Unkrautjäten oder Ausmisten.

Beispiele für Schwendtage

- 1. April: der Tag, an dem Judas geboren wurde
- 1. August: der Tag, an dem Luzifer in die Hölle verbannt wurde
- 1. Dezember: der Tag, an dem Sodom und Gomorrha vernichtet wurden

DREI BAUERNREGELN ZU JOHANNI

- Vor dem Johannistag man Gerst' und Hafer nicht loben mag.
- Wenn die Johanniswürmer glänzen, darfst du richten deine Sensen.
- Der Kuckuck kündet teure Zeit, wenn er nach Johanni schreit.

Johanni als Lostag

Der Johannistag ist ein besonderer Lostag. Die Sommersonnwende beendet in der Regel die Schafskälte (eine erstaunlich regelmäßige Kälteperiode im Juni) und kündigt den Beginn der Erntezeit an. Für die Bauern war Johanni ein wichtiger Termin. Das Futtergras für das Vieh ist reif, und Rhabarber und Spargel sollten bis Johanni geerntet sein.

Kein Wunder, dass so einige Dinge nach diesem Tag benannt sind:

- Das Johanniskraut, das um diesen Termin herum blüht.
- Die Johannisbeeren, die nun zumeist bereits reif an den Büschen darauf warten, geerntet zu werden.
- Die Johanniskäfer, die als »Glühwürmchen« die Johannisnacht funkeln lassen.
- Die Johanninüsse; grüne, noch unreife Walnüsse, die nun geerntet werden.
- Der Johannischnitt, die Mahd, bei der zum idealen Termin das Gras gemäht wird, um Heu für den Winter einzulagern – ideal übrigens auch im Sinne des Naturschutzes, da die Gräser und Blumen bereits ihre Samen ausstreuen konnten und Vögel, die im Gras ihre Nester haben, Zeit genug hatten, ihre Küken aufzuziehen.
- Der Johannistrieb, der auf das zweite Austreiben der Bäume um die Sonnwendzeit herum hinweist.

Sonnenwege

Zweimal im Jahr »wendet« die Sonne. Wenn sie ihre tiefste Mittagshöhe erreicht hat – am 21. oder 22. Dezember – werden die Tage nicht mehr kürzer, sondern wieder länger. Zwischen dem 20. und 22. Juni erreicht sie ihren höchsten Mittagsstand. Die Tage werden nun wieder kürzer. Eine Sonnwende (lat. *solstitium*: »Stillstand der Sonne«) findet also zweimal im Jahr statt. Die Sonnwenden sind übrigens unabhängig vom Standort des Beobachters. In Sydney findet die Sonnwende also zum selben Zeitpunkt statt wie in München.

Dass der Tag der Wintersonnwende der kürzeste Tag ist, heißt übrigens nicht, dass an diesem Tag die Sonne am spätesten aufgeht und am frühesten untergeht. Der früheste Sonnenuntergang findet bereits um den 12. Dezember herum statt und der späteste Sonnenaufgang erst Anfang Januar. Bei der Sommersonnwende ist es ähnlich; doch die Verschiebungen betragen nur ungefähr vier Tage. Um das zu erklären, müssten wir tiefer in Astronomie und Mathematik einsteigen, das würde zu weit führen. Für Interessierte: Die sogenannte »Zeitgleichung« ist für die Verschiebungen verantwortlich. Die Sonnwenden zeigen den Beginn des astronomischen Sommers respektive Winters an.

In der Mitte zwischen den Sonnwenden steht die Sonne senkrecht über dem Äquator der Erde – dann sind die Tage gleich lang. Diese Zeitpunkte heißen Äquinoktien oder Tagundnachtgleichen. Und auch sie läuten eine neue Jahreszeit ein: Um den 21. März herum zeigt die Frühjahrs-Tagundnachtgleiche den Beginn des Frühlings an. Und etwa am 21. September beginnt der Herbst. Auch die Tagundnachtgleichen sind auf der ganzen Welt gleich! Kein Wunder, dass diese bedeutenden Ereignisse im Sonnenlauf in vielen Kulturen gefeiert wurden: zu Ostern oder Ostara, zu Johanni oder Mittsommar, zu Erntedank oder Mabon, zu Weihnachten oder Yule.

Sonnwenden 2015-2025

Jahr	Sommersonnwende		Wintersonnwende	
2015	21. Juni	18:38 Uhr	22. Dezember	05:48 Uhr
2016	21. Juni	00:34 Uhr	21. Dezember	11:44 Uhr
2017	21. Juni	06:24 Uhr	21. Dezember	17:28 Uhr
2018	21. Juni	12:07 Uhr	21. Dezember	23:23 Uhr
2019	21. Juni	17:54 Uhr	22. Dezember	05:19 Uhr
2020	20. Juni	23:44 Uhr	21. Dezember	11:02 Uhr
2021	21. Juni	05:46 Uhr	21. Dezember	16:47 Uhr
2022	21. Juni	05:46 Uhr	21. Dezember	22:44 Uhr
2023	21. Juni	05:46 Uhr	21. Dezember	04:30 Uhr
2024	21. Juni	05:46 Uhr	22. Dezember	10:12 Uhr
2025	21. Juni	05:46 Uhr	22. Dezember	16:47 Uhr

Lammas und Himmelfahrt

Die Sommerfeier

Früher hieß der August nicht nach einem römischen Kaiser, sondern bezog sich auf das, was in der Landwirtschaft wichtig war: Es war der Erntemonat, althochdeutsch Aranmânoth. Im Jahreslauf haben wir die Mitte zwischen der Sommerwende und der Herbst-Tagundnachtgleiche erreicht – der Hochsommer ist da.
Die Kelten feierten diesen Termin als das Fest des Erntebeginns: Lammas. Die ursprüngliche Bedeutung von »Lammas« ist »Getreidemutter« oder auch »Fest der Brotlaibe«. Lammas wird am 1. August gefeiert. Vielleicht ist dieses Fest eines der ältesten überhaupt – kein Wunder, denn wann wäre dem Menschen mehr nach feiern zumute als dann, wenn das Getreide reif ist und die Ernte eingebracht werden kann, wenn also Fülle und

Überfluss die Natur bestimmen? Lammas ist also eine Art erstes Erntedankfest. Selbstverständlich zelebrierten das nicht nur die Kelten. Andernorts trug das Fest andere Namen wie »Schnitterfest« oder »Kräuterweihe« oder »Lughnasadh«, die »Hochzeit des Lichts«.
Lughnasadh wird – abhängig vom Mond – etwa zwischen dem 1. und 15. August gefeiert. Bei den Kelten war es ein großes Lichtfest. Interessanterweise gibt es auch zwei christliche Feiertage, die dem entsprechen: Am 1. August ist Petri Kettenfeier – der Tag, an dem Satan aus dem Himmel verbannt wurde. Und der 15. August ist Mariä Himmelfahrt, die »Vollendung Mariens«, der Tag, an dem Maria, die Mutter Jesu, leiblich in den Himmel aufgenommen wurde.

Es scheint, als ob die Natur den Menschen an Lammas wieder einmal zu einer großen, universellen Feier einladen würde. Jeder von uns hat ja die Fähigkeit, sein Inneres, seine Seele zu entwickeln und nach Sinn und Erfüllung zu suchen. Die Erfüllung im Äußeren zu finden ist ein Geschenk, das uns die Natur in dieser Phase des Jahres macht. Jetzt ist es jedoch an uns, auch in unser Inneres vorzudringen und dort zu entdecken, dass die Kraft, die wir in der Natur spüren, auch in uns lebt. Je deutlicher wir diese Fülle in uns empfinden, desto mehr werden wir uns mit der Natur eins und mit uns selbst in Frieden fühlen.

Ernten: Beenden, um neu zu beginnen

Jetzt ist die Zeit der Ernte. Das Getreide ist herangereift, die Ähren sind voll, die Pflanzen tragen Früchte, und Heilkräuter haben jetzt eine ganz besondere Kraft. Wir können den Sommer ganz leibhaftig spüren, mit seiner Hitze, seiner Schwüle und seiner unbändigen Intensität.

Das zu genießen ist gut und wichtig. Doch es gehört noch mehr dazu: Jetzt ist es an der Zeit, einen bewussten Schnitt zu machen und für innere Klarheit zu sorgen. Der menschliche Geist hat die Fähigkeit, »in die Zukunft zu blicken«. Dieser Blick kann durch einen dunklen Filter gehen und uns die Zukunft düster erscheinen lassen. Oder er kann durch eine rosarote Brille gehen und uns

vorgaukeln, alles wäre für immer rosig. Doch unsere Aufgabe ist es, einen klaren Blick zu entwickeln, frei von Sorgen, aber auch frei von Selbsttäuschung. Die Zeit der Fülle ist jetzt gekommen. Wenn wir nicht ernten, was reift, verdirbt es und geht für immer verloren. In der Landwirtschaft ist das ganz materiell zu verstehen: Wird das Getreide jetzt nicht geschnitten und werden die Früchte nicht eingebracht, so wird der Bauer später Not leiden.

Diese Wahrheit bezieht sich jedoch genauso auf den geistigen Bereich. Wir genießen den Höhepunkt des Sommers, und wir genießen ihn umso mehr im Bewusstsein, dass er, wie wir selbst, endlich ist. Wir sollten die Gelegenheit ergreifen, die Ideen, Pläne und Vorhaben, die in uns herangereift sind, nun auch zu ernten – sie nutzbringend in die Welt zu tragen und sie nicht durch endloses Zögern und Hoffen auf weitere Reife verderben zu lassen.

Mit der Ernte, dem Ende des Heranreifens, beginnt eine neue Zeit: Wir bewahren die Fülle, indem wir mit dem Geernteten arbeiten. Aus Früchten wird Marmelade, aus Getreide wird Mehl, aus unseren Ideen werden Taten. Und nicht zu vergessen: Nach der Ernte ist es auch an der Zeit, Neues zu pflanzen oder das zu pflegen, was später heranreifen wird.

Lughnasadh

Das keltische Lichtfest feiert ebenfalls die Ernte unserer Arbeit Früchte – aber es feiert auch den Kreislauf des Lebens. Und zum Leben gehört auch der Tod. Der »Tod« des Getreides ist ein

neuer Anfang. Die Ernte hilft, den Winter zu überleben, und danach wird wieder gesät.
Vor allem aber feiert Lughnasadh das Licht, das allmählich merklich abnimmt. Seit der Sonnwende am 21. Juni, seit dem Mittsommerfest, sind die Tage wieder kürzer geworden – obwohl es wärmer wurde. Das Lichtfest ehrt wieder die Sonne, diesmal in Form des keltischen Gottes Lugh, des Lichtbringers und heldenhaften Kriegers. Durch das Begehen von Lughnasadh wird die Hoffnung gesät, dass das Licht auf jeden Fall wiederkommt.

Lughnasadh ist ein altes irisches Fest. Früher wurden dabei Bardenwettkämpfe veranstaltet – auch heute noch finden an Lúnasa (so heißt das Fest im heutigen Irland) Sängerwettstreite statt. Und auch der Tanz, die Musik und der Alkohol spielen heute noch eine Rolle bei Lúnasa. Im Volksbrauchtum ist aber von den Ursprüngen des Festes nicht mehr so sehr viel zu sehen. Lughnasadh ist vor allem Jahrmarkt und Viehmarkt. Früher war es auch ein »Hochzeitsmarkt«. Es wurden Ehen angebahnt und geschlossen. Es wurde über Ernteangelegenheiten gesprochen, und es wurden Pläne für das kommende Jahr gemacht. Schließlich war es das letzte große Sommerfest des Jahres. Das war insofern von Bedeutung, da das Reisen im Winter sehr beschwerlich war – jetzt, im Hochsommer, war der ideale Zeitpunkt, das spürten die Menschen.
Mit den Hochzeiten zu Lughnasadh hatte es früher eine besondere Bewandtnis: Es war nicht ungewöhnlich, sondern alter

Brauch, dass eine solche Hochzeit nur für ein Jahr und einen Tag galt – bis zum nächsten Lughnasadh. Das kommt uns heute seltsam vor. Aber wer weiß, ob es so viele Scheidungen gäbe, wenn man erst einmal ein Jahr lang erfahren könnte, was es bedeutet, sich auf ewig zu binden ...

Spirituelle Bedeutung

Im Mittelpunkt von Lughnasadh steht die spirituelle Bedeutung des Lichts. Wir neigen ja allgemein dazu, das Licht mit dem »Guten« und die Dunkelheit mit dem »Bösen« gleichzusetzen – doch zu keinem anderen Zeitpunkt wird so deutlich, dass das nicht so einfach ist. Im Hochsommer sind die längsten Tage bereits vorbei – und doch kann das Licht, das die Pflanzen reifen ließ, sie immer noch verbrennen. Ein Zuviel an Licht bedeutet Trockenheit und Verdorren. Nicht nur das Helle und Sonnige, sondern auch das Dunkle und Kalte sind daher ein notwendiger Teil des Lebens. Die Nacht ist keine verlorene Zeit, sondern die Phase der Ruhe und Abkühlung. Der Regen ist genauso notwendig wie das Licht.

Das sind alles einfache Wahrheiten, die jedem Bauern selbstverständlich sind. Das Schwarz-Weiß-Denken greift zu kurz, da es immer mindestens zwei Seiten einer Sache, eines Gedankens, einer Meinung, einer Lehre gibt – und nicht nur das: Es gibt nicht nur unendliche Abstufungen zwischen Schwarz und Weiß, sondern sie bedingen sich auch noch gegenseitig. Alles ist miteinander verbunden. Wer dies verinnerlicht hat, wird nie verzweifeln, da er weiß, dass auch im tiefsten Dunkel ein Licht ist. Und er wird nie dem Größenwahn anheim fallen, da er weiß, dass gerade das hellste Licht den dunkelsten Schatten wirft.

Mariä Himmelfahrt und Petri Kettenfeier

Im August gibt es zwei Festtage: Einer davon ist zumindest bei Nichtkatholiken eher unbekannt, nämlich Petri Kettenfeier am 1. August. Ich habe ja schon erwähnt, dass dieser Tag als »Schwendtag« gilt. Ja, er gilt sogar als einer der schlimmsten Unglückstage des Jahres: An diesem Tag wurde Satan aus dem Himmel geworfen. Im Volksglauben gab es daher allerlei Mythen:

- Wer am 1. August geboren ist, kann Geister und Hexen sehen.
- Wer an diesem Tag Geburtstag hat, wird früh sterben oder auf unnatürliche Art und Weise zu Tode kommen.
- Kinder, die an diesem Tag empfangen werden, haben übersinnliche Fähigkeiten.
- Eine Hochzeit, die am 1. August stattfindet, wird unglücklich enden.
- Rüben, die an diesem Tag gesät werden, »verrosten«, werden also verderben.

Wenn dieser Tag aber so furchtbar ist, warum wird er dann gefeiert? Aus zwei Gründen: erstens weil Satan zur Hölle fuhr.

Und zweitens, darauf weist der Name »Petri Kettenfeier« hin, wird die wunderbare Befreiung Petri aus dem Gefängnis von Herodes gefeiert. Wir wissen aus der Apostelgeschichte, dass König Herodes Agrippa die Christen verfolgen ließ. Jakobus, der Bruder des Johannes, wurde enthauptet, und Petrus wurde gefangen genommen und angekettet. Zwei Soldaten standen an seiner Seite Wache, doch ein Engel erschien in strahlendem Licht und befreite ihn, damit er die Verkündung des Evangeliums fortsetzen konnte (Apg 12,1–17).

Auch hier spielen Licht und Dunkel eine Rolle. Und das Licht – bei Petrus in Form eines Engels – befreit ihn aus den Ketten und dem dunklen Kerker. Der Befreite soll das Licht weitertragen. Die Themen der Feiern sind auch hier wieder nicht zufällig. Und selbst der größte Unglückstag trägt doch auch die Qualitäten der Befreiung und des Lichts in sich.

Mariä Himmelfahrt wird am 15. August gefeiert – wie auch die Römer schon zuvor zu diesem Termin das Fest der Göttin Diana abhielten.
Maria steht für den Menschen ohne Sünde. Weil sie ohne Sünde war, nahm Gott sie auf – und nur deshalb konnte sie Christus zur Welt bringen. Und weil sie bereits auf Erden Gott in sich aufnahm, nahm Gott sie nach ihrem Tod seinerseits direkt in den Himmel auf.
Mariä Himmelfahrt heißt offiziell »Mariä Aufnahme in den Himmel« oder »Vollendung Mariens«. Wir kennen ja auch das Fest Christi Himmelfahrt, doch da gibt es einen wichtigen Unterschied für die katholische Kirche: Während Jesus Christus starb, wiederauferstand und dann leiblich in den Himmel »auffuhr«, so ist Maria nach ihrem Tod ohne vorherige Auferstehung direkt in den Himmel aufgenommen worden.
In den apokryphen Evangelien (also denen, die nicht in der Bibel stehen) wird die Geschichte Mariens ausführlicher erzählt. Als Maria im Sterben lag, wurden die Apostel von Engeln »durch die Lüfte« zu ihrem Sterbebett gebracht. Die Apostel waren es auch, die Maria dann bestatteten. Doch dann erschien Jesus Christus mit einigen Engeln, die den Stein von ihrem Grab wälzten und Maria mit in den Himmel trugen.

Und wieder geht es hier um das, was wir schon bei den anderen Festen dieses Zeitraums gesehen haben: um die Reife und das Ernten der Früchte, um das notwendige Sterben und das Weiterleben auf einer anderen Ebene, um das Licht, das das Dunkel, selbst das des Grabs, erhellt. Das Leben ist die Zeit des Reifens, danach ernten wir, was wir gesät haben. Die Ernte ist das Ende dessen, was heranreifte – doch danach geht es weiter. Der Tod ist eben nicht das Ende, sondern der Beginn der Vollendung.

Wie viel Ansehen Maria bei den Menschen hat, sieht man auch daran, dass einige Pflanzen ihren Namen tragen, beispielsweise:

- Die Mariendistel: Der Name der Mariendistel entstammt einer alten Legende, nach der die weißen Flecken auf ihren Blättern von der Milch der Jungfrau Maria stammen.
- Der Marienfrauenschuh: Die Blüte des Gelben Frauenschuhs, einer Orchideenart, wird in Legenden um Maria erwähnt.
- Das Mariengras: ein Süßgras, das nach Waldmeister duftet und das bei der Verehrung der Gottesmutter verwendet wurde.
- Das Marienblümchen: Besser bekannt als »Gänseblümchen« ist es ein Symbol der Unschuld und Demut.

Und wie wir alle wissen, trägt sogar ein Tier ihren Namen: der Marienkäfer. Das bekannte Glückssymbol wurde nach Maria benannt, da die Käfer für die Landwirtschaft sehr nützlich waren und man die Tierchen als ein Geschenk der Jungfrau Maria betrachtete. Die Punkte auf den Flügeldecken der Käfer sollen sich auf die Tugenden Mariens beziehen.

Rituale, Mythen, Traditionen

Im Süden Deutschlands, vor allem in Bayern, ist Mariä Himmelfahrt ein wichtiger Festtag. Es gibt Messen und Prozessionen, vor allem Lichterprozessionen. Einer der ältesten Bräuche, der wohl schon aus vorchristlicher Zeit stammt, ist jedoch die Kräuterweihe, bei der Kräuter in der Kirche gesegnet werden. Dass die Kräuterweihe an Mariä Himmelfahrt stattfindet, hängt

natürlich auch damit zusammen, dass die Kräuter genau dann reif sind.
Kräuterkundige Frauen haben um diese Zeit schon immer Pflanzen gesammelt, denn nun, auf dem Höhepunkt des Sommers, haben die Heilkräuter ihre höchste Potenz – einst glaubte man gar, dass die Kräuterbuschen, die man um diese Zeit band, magische Kräfte hätten.
Die Kräuterweihe ist aber nicht nur ein vorchristliches Relikt, sondern passt zu der Botschaft des Christentums. Die Heilkräuter werden in dieser Zeit gesammelt und geweiht, da leibliches und geistiges Heilsein nicht voneinander zu trennen sind – beides, Geist und Leib, sind Geschenke Gottes. Kräuterweihe und

der Marienfeiertag werden gemeinsam begangen, denn Maria ist »die Blume des Feldes und Lilie der Täler«, und nach ihrem Tod soll »wundersamer Kräuterduft« ihr Grab erfüllt haben. In manchen Regionen hieß Mariä Himmelfahrt sogar »Unserer Lieben Frauen Wurzelweihe«.

Wie man einen Kräuterbuschen bindet

Die Kräuterbuschen sind stets aus mindestens sieben verschiedenen Kräutern gebunden. Auf jeden Fall ist die Zahl der verwendeten Pflanzen wichtig – es sollte eine »magische Zahl« sein. Als magische Zahlen gelten beispielsweise

- SIEBEN: die heilige Zahl, die Zahl der Tage der Schöpfung. Für den Kräuterbuschen nehmen Sie die sieben Hauptkräuter Arnika, Johanniskraut, Kamille, Salbei, Spitzwegerich, Wermut und – das gilt für jeden Kräuterbuschen – die Königskerze, die immer zuletzt in die Mitte des Kräuterbündels gesteckt wird.
- NEUN: dreimal drei, die Glückszahl mal die Dreifaltigkeit Gottes. Zusätzlich zu den Hauptkräutern wählen Sie weitere zwei aus den folgenden: Baldrian, Bibernelle, Eberwurz, Fünffingerkraut, Glockenblume, Kümmel, Liebstöckel, Pfefferminze, Tausendgüldenkraut, Weinraute.
- ZWÖLF: die Zahl der Apostel und der Monate. Wählen Sie aus den oben genannten fünf Kräuter zusätzlich zu den sieben Hauptkräutern aus.

Das Binden des Buschens selbst bedarf wohl kaum einer Anleitung. Sie fügen die Kräuter einfach zu einem möglichst dicken Kräuterbuschen zusammen, stecken zuletzt eine Königskerze in die Mitte und binden die Stängel mit einem Bindfaden oder mit Weidenrinde zusammen.
Beim Kirchgang an Mariä Himmelfahrt werden die Kräuter dann beim Festgottesdienst vom Pfarrer geweiht. Zu Hause hängen Sie die geweihten Buschen zum Trocknen mit den Blüten nach unten auf.
Der traditionelle Platz für den Kräuterbuschen ist der Herrgottswinkel – die Ecke in der Stube, in der das Kruzifix hängt. Aber natürlich können Sie die Kräuter auch an einem anderen Ort anbringen. Möglichst jedoch an einem, der zur Besinnung einlädt; also zum Beispiel nicht gerade über dem Fernseher …

Und dann? Was fangen Sie mit dem Kräuterbuschen an? Nun, da gibt es viele Möglichkeiten:

- Lassen Sie die Kräuter einfach auf Körper und Seele wirken. Ihr Duft kann bereits wohltuend sein. Nach dem Volksglauben sollen die geweihten Kräuter gegen Verzauberungen und Krankheiten helfen und zu Eheglück und Kindersegen beitragen.
- Sie können von den getrockneten Kräutern ein wenig abzupfen und einen Kräutertee zubereiten, der wohltuend wirkt.
- Wenn das Vieh krank wurde, streute man ein wenig von den geweihten Kräutern ins Futter.

* Die geweihten Kräuter wurden auch neuem Saatgut zugefügt, das sollte gesunde Feldfrüchte bringen. Auch das können Sie natürlich ausprobieren, auch wenn Sie keinen Acker, sondern nur einen Blumengarten oder ein Gemüsebeet bestellen.
* Bei drohender Seuchengefahr und bei Gewitter wurden die Kräuter ins offene Feuer geworfen – das sollte gegen Blitz und Seuchen schützen.
* Eine hervorragende Möglichkeit, die geweihten Kräuter zu nutzen, besteht darin, sie beim Räuchern (vgl. Seite 44) zu verwenden. Wenn Sie ein wenig trockene Kräuter mit Weihrauch vermischen, haben Sie eine besonders kraftvolle Räuchermischung, die Sie das ganze Jahr über verwenden können; insbesondere in Krankenzimmern gibt das einen wohltuenden Heilungsimpuls.

Keltische Bräuche

Die Rituale und Bräuche zu Lammas hängen alle mit der Ernte zusammen:

* An Lammas wurden Feuer abgebrannt und dabei Kornpuppen und Brotkrumen ins Feuer geworfen – ein Brauch, der vielleicht noch an die alten heidnischen Tieropfer erinnert.
* Die erste und die letzte Garbe: Bei der Ernte sollte die erste Garbe schweigend geschnitten und die letzte zusammengebunden und stehen gelassen werden. Das hing mit dem Glauben zusammen, dass im Korn ein Geist wohne, der bei der Ernte von einem Feld ins andere flüchtete – und schließlich

in der letzten Garbe gefangen war. Diese blieb als Opfergabe für die Vögel stehen. Der Geist im Korn würde dadurch nicht zu mächtig werden und die nächste Ernte gut.

- Es wurden Erntekronen angefertigt, die ein Jahr und einen Tag lang Haus und Stall bewachten.
- Kühe, Pferde und Schafe wurden durchs Wasser getrieben, damit böse Geister durch das Wasser abgewaschen wurden – das sollte dafür sorgen, dass die Tiere gut über die kalte Zeit kamen und vor Krankheiten geschützt waren.

BAUERNREGELN UND SPRICHWÖRTER FÜR DEN AUGUST

- Stellt im August sich Regen ein, so regnet's Honig und guten Wein.
- Bringt der August viel Gewitter, wird der Winter kalt und bitter.
- Kommt Sankt Laurenz (10. August) mit heißem Hauch, füllt er dem Bauern Fass und Schlauch.
- Kommt der Laurentius daher, wächst das Holz nimmermehr.
- Wie's Wetter am Himmelfahrtstag, so's noch zwei Wochen bleiben mag.
- Himmelfahrt im Sonnenschein bringt reichen, starken, guten Wein.
- Wenn d' Sonna hell an Himmelfahrt leucht, des an schönen Herbst bedeucht.
- Was der August nicht kocht, kann der September nicht braten.
- Der Augustregen macht das Obst essbar.
- Hühnermauser im August heißt für den Winter kalte Lust.

Erntedank und Erntefeiern

Die Dankbarkeit pflegen

Erntefeste sind wohl mit die ältesten Feste der Menschheit – und das Erntedankfest ist vielleicht das älteste überhaupt. Sie haben in diesem Buch nun schon andere Feste kennengelernt, die mit dem agrarischen Zyklus zusammenhängen. Die Bedeutung dieser Feste können die heutigen Stadtmenschen kaum noch nachvollziehen. Obst und Gemüse, Brot und Käse – das alles gibt es im Supermarkt. Ich habe gehört, dass manche Stadtkinder tatsächlich gar nicht mehr wissen, dass die Nahrung auf den Feldern wächst – sie glauben, dass alles in Fabriken hergestellt wird. Das ist ja auch nicht weiter erstaunlich, wenn sie das Wunder des Aufblühens, Wachsens und Heranreifens nie wirklich selbst erleben durften. Und wofür sollte man bei der Ernte

schließlich auch dankbar sein? Das ist ja nur anstrengende Arbeit!
Doch früher waren die Menschen von der Ernte abhängig, und für die Bauern gilt das auch heute noch. Nur wenn geerntet wurde, kam man durch den Winter. Die Ernten fielen unterschiedlich aus. Manchmal überreich, manchmal dürftig. Aber immer gab es Grund genug, Gott, Göttern oder der Natur zu danken, dass es wieder neue Nahrung gab.
Ich finde das Erntedankfest sehr wichtig – insbesondere für unsere innere Haltung. Es ist ein guter Anlass, sich klar darüber zu werden, dass unsere Nahrung nicht in Fabriken hergestellt wird (zumindest glücklicherweise noch nicht vollständig) und dass unser »tägliches Brot« alles andere als selbstverständlich ist. Die Natur bietet uns ihre Gaben, und durch harte, aber auch befriedigende und sinnvolle Arbeit machen wir das, was wir täglich genießen, daraus.

Erntefeste gab es schon immer. Ob es nun alte Feste der Germanen und Kelten waren, ob sie mit dem astronomischen Ereignis der Herbst-Tagundnachtgleiche verbunden sind, ob das heidnische Mabon, das germanische Tamfana oder das altnordische Disarblót ... Alle diese Feste dienten dazu, die Früchte mit Dankbarkeit als ein Geschenk der Natur und der eigenen Arbeit anzunehmen.

Das christliche Erntedankfest

Natürlich waren auch christliche Bauern voll Dankbarkeit über eine erfolgreiche Ernte und feierten diese. Doch für ein christliches Erntedankfest gibt es erst seit dem achten Jahrhundert Nachweise. Es war das Ende des »dunklen Zeitalters« zwischen der Römerzeit und dem erneuten Aufblühen der Kultur in Europa.
Dass das Erntedankfest eine eher untergeordnete Stellung im christlichen Festkreis hat, liegt wohl daran, dass dieser alte Brauch kein Teil des christlichen Heilsgeschehens ist. Das Fest hängt in keinerlei Weise direkt mit dem Leben Christi zusammen. Es ist eher eine Feier der Natur. Doch genauso wenig ist es ein »unchristliches« Fest. Es ist vollkommen im Einklang mit dem Glauben, Gott für die segensreichen Gaben seiner Schöpfung zu danken. Das wurde früh erkannt, denn schon vor über tausend Jahren wurde ein christliches Erntedankfest eingeführt. Wie schwer es aber fällt, dieses Fest ganz in den christlichen Festkalender zu integrieren, zeigen schon die unterschiedlichen Feiertage der Kirchen.
Die evangelischen Kirchen in Deutschland feierten nach einem königlich preußischen Erlass seit 1773 Erntedank am Sonntag nach Michaelis (29. September). In der Schweiz ist es seit 1832 der eidgenössische Dank-, Buß- und Bettag, der am dritten Septembersonntag gefeiert wird. Und in der katholischen Kirche gab es lange keinen festen Termin. Schließlich legte die Deutsche Bischofskonferenz diesen 1972 auf den ersten Sonntag im Oktober. Das bedeutet allerdings nicht, dass das Fest »offiziell«

wäre – es gibt keine Pflicht, Erntedank zu feiern. Zumindest in Bayern ist das jedoch nur graue Theorie. In jedem Ort wird ganz selbstverständlich und so lange man zurückdenken kann, das Erntedankfest gefeiert – und zwar auch in der Kirche. Lediglich in den großen Städten ist diese Tradition so gut wie ausgestorben, was bedauerlich ist, denn auch die Städter leben schließlich von dem, was die Ernte gebracht hat.

Bräuche verändern sich im Laufe der Zeit. So ist es natürlich auch beim Erntedankfest. Früher war das Segnen der Erntegeräte einer der wichtigsten Teile des Festes. Das ist heute kaum noch der Fall. Es gab auch noch weitere schöne Bräuche, die dem Fest Würde verliehen: von ganz einfachen, aber tief empfundenen Bräuchen, wie dem Niederknien auf dem Feld als Ausdruck des Dankes über die Erntedankgabe an die Armen bis zu dem Brauch, den ersten Wagen der Ernte besonders zu schmücken und ihn würdevoll, ohne Musik, Lärm oder gar Streit, heimzubringen.

Heute kennen wir noch die in katholischen Gegenden begangene liturgische Erntedankfeier. Dafür wird in der Kirche, ein besonderer Erntedankaltar errichtet, der die Feldfrüchte Gott darbietet. Bei uns im Alpenvorland gibt es auch heute noch eine uralte Tradition, die nicht beliebig ist, sondern sich nach den Gegebenheiten der Natur richtet: den Almabtrieb.

Der Almabtrieb

Archäologische Funde belegen, dass in den Alpen spätestens seit der Bronzezeit die Almwirtschaft üblich war. Und römische Schriftsteller berichten schon aus dem fünften Jahrhundert vor Christus über das Almwesen.
Um Michaeli (29. September) herum naht das Ende der Vegetationsperiode in den Almlagen. Das Vieh fände nun nicht mehr genug zu fressen, und die Witterung wird auch allmählich kritisch. Seit jeher wird daher das Vieh um die Herbst-Tagundnachtgleiche herum zurück ins Tal getrieben. Es gibt aber keinen festen Termin – der Abtrieb findet nicht überall gleichzeitig statt, sondern hängt von Ort, Höhenlage und Wetter ab. Wir kennen heute noch das festliche Schmücken des Viehs, das sogenannte »Aufkranzen« – ein Brauch, der noch aus vorchristlichen Zeiten stammt. Die großen Almglocken allerdings, die heute den Almabtrieb zu so einem Spektakel machen, sind christlichen Ursprungs und gehören bei uns auf jeden Fall dazu. Der Almabtrieb als Fest gehört von seinem Wesen her zum Erntedankfest: Es wird die Dankbarkeit für die gesunde Heimkehr des Viehs, die tierische »Ernte«, bezeugt.

Der Almauftrieb, der meist um die Frühjahrs-Tagundnacht-gleiche herum stattfindet, läuft übrigens ganz anders ab: Die Treiber müssen die Kühe nicht treiben, sondern sie hüten, damit sie nicht unkontrolliert zur Alm stürmen – auch die Kühe freuen sich offenbar auf den kommenden Frühling.

Die Herbst-Tagundnachtgleiche

Das Erntedankfest findet wie so viele andere traditionelle Feste zu einem ganz besonderen »himmlischen« Ereignis statt: Am 21. September ist nämlich die Herbst-Tagundnachtgleiche. Die Tage werden von nun an kürzer als die Nächte sein. Das ist ein Wendepunkt – die dunkle, kalte Zeit des Jahres naht. Gibt es einen besseren Zeitpunkt, als noch einmal der Natur zu danken? Schon vor Urzeiten gab es Feiern zur herbstlichen Tagundnachtgleiche – Feste wie das germanische Fest der »Tamfana«, das altnordische »Dísarblót« oder das irische »Blas an Fhomair«, wo eine Tänzerin symbolisch stirbt und mit einem Druidenstab wieder zum Leben erweckt wird.

Doch ob nun germanische, keltische, neuheidnische oder christliche Rituale zur Herbst-Tagundnachtgleiche – sie alle haben gemeinsam, dass die Menschen feiern und ihrer Freude Ausdruck verleihen und Gott, der Natur, der Erd- oder Muttergöttin für die Früchte des Jahres danken.

Spirituelle Bedeutung

Am Tag der Herbst-Tagundnachtgleiche sind die hellen und dunklen Kräfte ausgeglichen. Da die Dunkelheit nun schon seit der Sonnwende zunimmt, war genügend Zeit, noch einmal mit aller Kraft das Licht zu nutzen und sich auf die vorübergehende Herrschaft der Dunkelheit vorzubereiten. Wir haben geerntet, was wir gesät haben – und wenn wir dem Rhythmus der Natur gefolgt sind, sind unsere Vorratskammern gefüllt.

Das Säen und Ernten findet nicht nur in der Natur statt, sondern auch auf geistiger Ebene. Auch dort gibt es Aussaat und Ernte. Wir säen Gedanken, Gefühle, Taten und ernten, was wir ausgebracht und gepflegt haben.

Jetzt ist die Zeit gekommen, um sich dieses Zusammenhangs bewusst zu werden. Natürlich ist es jederzeit sinnvoll, sich zu besinnen, die Dankbarkeit auszudrücken und darauf zu achten, wie man lebt. Doch während der Tagundnachtgleiche stehen diese Gedanken und Gefühle in Übereinstimmung mit dem, was in der Natur geschieht. Deshalb können wir zur Erntedankzeit besonders leicht Dankbarkeit empfinden und die geistige Ernte unserer bisherigen Erfahrungen einfahren.

Zu den Erntefesten gehören auch Dankopfer. Aber warum opfern wir in dieser Zeit? Der erste Gedanke ist vielleicht: weil jetzt Überfluss herrscht. Doch wenn wir ein bisschen tiefer blicken, geht es beim Opfer um viel mehr: Es ist Ausdruck der Dankbarkeit und Freude. Und es gibt darunter noch eine tiefere Bedeutung: Das Opfer bedeutet, dass wir der Gier widerstehen. Das gilt

auf der materiellen Ebene: »Nimm nicht alle Früchte, nimm nicht alle Tiere – denn das raubt dir selbst die Lebensgrundlage.« Und auf geistiger Ebene: »Nimm nicht wahllos alles an, sondern besinne dich, ob es dir guttut – und lass auch ruhig die Dinge stehen, die du nicht verstehst und ohnehin nicht brauchen kannst.«
Im Opfer zeigen wir das, was uns menschlich macht: Wir treten dem Gift der Gier entschieden entgegen.

Es ist jetzt Zeit für ruhige Freude. Die Freude ist nicht überschäumend wie im Frühling, sondern gereifte, tiefere und auch stillere Freude. Wir wissen, es kommen dunkle Zeiten, und wir bereiten uns physisch, geistig und seelisch darauf vor. Unser Verstand weiß, dass es Zeiten der Betrübnis geben wird – doch unser Herz weiß, dass inmitten der Dunkelheit wieder ein Licht aufgehen wird und schließlich Leben, Wärme und Helligkeit wiedergeboren werden.
Während dieser Zeit sollten wir auch beginnen, uns Gedanken über den Abschied zu machen. Den Abschied von Altem, den Abschied von Gewohnheiten und irgendwann auch einmal den Abschied vom Leben.
Auch sollten wir damit beginnen, bewusster auszuwählen: Was ist uns wichtig? Worauf wird es in dunkleren, schwereren Tagen wirklich ankommen? Was hat sich bewährt, was haben wir bisher gelernt, und vor allem: Was können und sollten wir noch loszulassen bereit sein?
In den Tagen rund um das Erntedankfest können wir unseren Geist und unser Herz schon einmal für diese Gedanken öffnen.

Dennoch bleibt uns noch ein wenig Zeit, uns zu besinnen, denn noch feiern wir und dürfen ausgelassen sein. Später werden wir diese Gefühle und Gedanken vertiefen: zu Samhain und Allerheiligen.

Rituale, Mythen, Traditionen

- Schon im Mittelalter war es üblich, die Gaben des Erntealtars an die Armen zu verteilen.
- Zum Erntedankfest findet meist auch der Almabtrieb statt: Die Kühe werden mit Blumen, Bändern und Glocken geschmückt und von der Alm, den Bergweiden, wieder zurück ins Tal getrieben. Die großen Glocken, die den Almabtrieb weithin verkünden, sollen böse Geister vertreiben und damit zu einem guten Überstehen des Winters beitragen.
- Schon sehr alt ist der Brauch, eine Erntepuppe aus Getreidehalmen herzustellen. Bei den Kelten wurde mit der Erntepuppe stellvertretend der Geist des Korns geehrt. Auch heute noch gibt es vielerorts Erntepuppen – oft sogar riesengroße, die aus Strohballen gebaut und an den Ortsgrenzen aufgestellt werden.
- Die Erntekrone ist das Zentrum des Erntedankaltars. Sie soll aus vier Getreidesorten gebunden werden: aus Roggen, Weizen, Hafer und Gerste.

Eine Getreidekrone bauen

Eine Getreidekrone zu bauen ist ganz schön aufwendig! Aber es ist alter Brauch und eine gute Möglichkeit, seinen Dank mit seiner Hände Arbeit auszudrücken.

1. Das Gestell

An dem Gestell werden später die Getreidesträuße festgebunden. Das Gestell gibt die Form der Krone vor.

- Nehmen Sie einen Weidenast von ein bis zwei Zentimetern Durchmesser, biegen Sie ihn zu einem Ring und binden Sie ihn zusammen. Es ist hilfreich, die Enden des Weidenastes auf mindestens eine Handbreit schräg anzuschneiden – dann entsteht keine unnötige Verdickung, wo sich der Ast zum Zusammenbinden überlappt.
- Nun nehmen Sie einen weiteren Zweig und befestigen eines seiner Enden am Ring – am besten mit Laschen aus biegsamen, aber festen Holzspänen. Den Zweig biegen Sie nun zur anderen Seite des Ringes und befestigen auch dieses. Mit einem weiteren Zweig machen Sie, neunzig Grad versetzt, dasselbe.
- Jetzt haben Sie das Gestell: einen Ring, über dem sich zwei Bogen wölben, die sich in der Mitte treffen. Dort verbinden Sie die sich überschneidenden Zweige mit Draht. Ganz wichtig ist, dort nun eine Öse aus festerem Draht anzubrin-

gen, damit Sie die Erntekrone später auch aufhängen können – denn im Nachhinein, wenn der Kranz fertig ist, ist das kaum mehr möglich.

2. Die Getreidesträuße

Die Getreidesträuße sollten Sie schon vorbereiten, damit Sie nach dem Bau des Gestells gleich weitermachen können.

- Binden Sie aus vier verschiedenen Getreidesorten Getreidesträuße, aus je 20 bis 30 Halmen.
- Hängen Sie die Sträuße zum Trocknen an einem gut durchlüfteten Ort auf. Aber passen Sie auf, dass nicht Spatzen und andere Vögel das als Einladung sehen und die Körner aus den Ähren fressen!

3. Das Binden der Krone

Was Sie jetzt brauchen, sind Geduld, Bindedraht und einen Ort, an dem es nichts ausmacht, wenn der Boden schließlich mit Getreide und Halmresten bedeckt ist. Die Stube eignet sich nicht für diese Arbeit.

- Kürzen Sie die Sträuße etwa eine Handbreit unterhalb der Ähren.
- Beginnen Sie nun damit, die Sträuße am Kronengestell zu befestigen. Schieben Sie die Sträuße von unten nach oben an den Strang und befestigen Sie diese mit Bindedraht. So entsteht nach und nach die volle Erntekrone. Die Kunst

besteht darin, dass die Krone gleichmäßig wird und dabei das Gestell und der Bindedraht nicht sichtbar sind.

- Dekorieren Sie schließlich die fertige Erntekrone noch mit gestickten Spruchbändern, auf die Sie Sinn- und Segenssprüche sticken, mit getrockneten Feldblumen oder kleinen, getrockneten Maiskolben.

Erntelied

Der Sommer bleibt nicht lange mehr,
Der Tag wird kürzer, die Nacht wird länger,
Das Korn ist gemäht, das Feld wird leer,
Es schweigen schon des Waldes Sänger.
Doch eh' uns der Sommer ganz verlässt,
So gibt er uns noch ein fröhlich Fest.

Seht da! Sie bringen den Erntekranz,
Mit bunten Bändern und Flittern,
Sie eilen alle zum fröhlichen Tanz,
Die Mädchen mit den Schnittern.
Und alles tanzt und springt,
Und alles jubelt und singt:

Juchheißa juchhei!
Die Ernt' ist vorbei.

August Heinrich Hoffmann von Fallersleben (1798-1874)

BAUERNREGELN FÜR DIE ERNTEFESTZEIT

- Ist Matthäus (21.9.) hell und klar, gute Zeiten bringt's fürwahr.
- Tritt Matthäus zur Tür herein, soll die Saat vollendet sein.
- Matthäuswetter hell und klar, bringt guten Wein im nächsten Jahr.
- Ist St. Moritz (22.9.) hell und klar, stürmt der Winter, das ist wahr.
- Gewitter um Mauritius bringen Schaden und Verdruss.
- Stellt sich zu Herbstbeginn (23.9.) viel Nebel ein, wird viel Schnee im Winter sein.
- Nebelt's an St. Cleophas (25.9.), wird der ganze Winter nass.
- Der Kosmas und der Damian (26.9.), die zünden alle Lichter an.
- Wenn Hiltrud (27.9.) im Kalender steht, wird noch einmal das Gras gemäht.
- Laubfall an Leodegar (2.10.) kündigt an ein fruchtbar Jahr.
- Regen an Dionys (9.10.), viel Regen und Schnee im Winter gewiss.
- St. Burkhardi (14.10.) Sonnenschein schüttet Zucker in den Wein.

Das Dankbarkeitsritual

Aus der Dankbarkeit erwächst eine große Kraft. Dankbarkeit bringt Zufriedenheit und Gelassenheit mit sich. Das Erntedankfest ist eine wunderbare Gelegenheit, die Dankbarkeit mit einem kleinen Ritual zu zelebrieren.

- Legen Sie eine Frucht, ein Gemüse oder ein Stück Brot bereit.
- Suchen Sie sich einen ungestörten Ort und zünden Sie eine Kerze an.
- Nehmen Sie die Frucht oder was auch immer Sie für dieses Besinnungsritual verwenden wollen, in die Hand und betrachten Sie sie genau. Fühlen Sie sie, sehen Sie sie an, riechen Sie daran und kosten Sie davon.
- Schließen Sie nun die Augen und versuchen Sie, den Weg, den diese Gabe bis zu Ihnen genommen hat, nachzuvollziehen.

Beispielsweise: Den Apfel habe ich in unserem Garten selbst gepflückt. Bevor ich ihn pflücken konnte, musste er heranreifen. Die Nährstoffe in der Erde, das Wasser des Regens, die Luft und die Sonne haben das möglich gemacht. Bevor der Apfel wachsen konnte, mussten erst die Bienen die Apfelblüten bestäuben … Woher kommen die Bienen, wer hat den Baum gepflanzt, wie lange und wie viele Menschen waren nötig, um aus dem wilden ungenießbaren Apfel einen Kulturapfel zu züchten? …

- Sie werden bei dieser Reise nie ein Ende finden. Denn letztendlich hängt alles mit allem zusammen – und vielleicht spüren Sie deutlich das Wunder dieser Einheit. Daher bleiben Sie einfach so lange bei dieser Reise, wie es sich für Sie gut anfühlt.
- Geben Sie der Dankbarkeit Raum. Es ist ein gutes Bild: »Raum geben«. Denn das ist es tatsächlich. Sobald das natürliche Gefühl der Dankbarkeit nicht durch das Kreisen um sich selbst eingeengt ist, weitet es sich aus.
- Beenden Sie die Besinnungsübung, indem Sie die Frucht, das Gemüse, das Brot noch einmal mit Dankbarkeit und Staunen betrachten und sich vor der Natur, vor Gott, vor dem Geschenk des Seins verneigen.

Dankbarkeit ist nichts, was Sie jemand anderem geben – Sie selbst werden durch das Gefühl der Dankbarkeit allein reich belohnt.

Alle Heiligen und Samhain

Der Ahnen gedenken

Allerheiligen, Allerseelen, Samhain, Halloween, Sankt Martin … alle diese Feste finden im November statt. Aber was viel interessanter ist: Die Feste hängen eng miteinander zusammen.
Warum fängt dieses Kapitel mit Halloween an? Es geht doch um *unsere* Traditionen und Bräuche – was hat da so ein amerikanisches Fest verloren, das erst in den letzten Jahren zu uns gekommen ist? Es ist ja wirklich manchmal schade, wie unsere Sprache und Kultur amerikanisiert wird – von Fastfood bis Gameboy … nicht alles ist besonders wertvoll. Ich finde es auch ein bisschen schade, dass der Nikolaus und das Christkind durch den »Weihnachtsmann« immer mehr verdrängt werden. Bei Halloween ist es aber nun doch ein wenig anders.

Es stimmt: Halloween – mit den Kürbisfratzen, den verkleideten Kindern und dem Ruf »Süßes oder Saures« – ist erst vor etwa zwanzig Jahren in Deutschland bekannt geworden, vor allem durch Filme aus den USA. Doch so richtig uramerikanisch ist Halloween trotzdem nicht.

Sehen wir uns nur einmal das Wort an: »Halloween« klingt erst einmal sehr fremdartig. Früher hat man es ein wenig anders geschrieben, nämlich Hallowe'en. Auch nicht viel besser? Nun ist das aber einfach auch eine schlampige Aussprache von »All Hallows Evening« – die direkte deutsche Übersetzung lautet »Allerheiligenabend«.

Das ist natürlich kein Zufall. Halloween und Allerheiligen sind im Grunde das gleiche Fest. Nach Amerika kam Halloween erst im 20. Jahrhundert – aus dem katholischen Irland, wo selbstverständlich auch Allerheiligen (»All Hallows Day« oder »All Saints Day«) gefeiert wurde. Hallowe'en ist die Nacht zwischen dem 31. Oktober und dem 1. November.

Und auch das ist kein Zufall. In der keltischen Tradition gab es an diesem Tag ebenfalls schon ein Fest: Samhain. Die Zusammenhänge ergeben sich, wie so oft, aus der Vermengung keltischer Feste mit christlichen Inhalten. Als die nichtchristlichen Völker christianisiert wurden, wurden die alten Feiertage weiterhin gefeiert, aber mit christlicher Bedeutung versehen. Die Traditionen aber blieben erhalten. Auch der amerikanische Halloween-Kürbis hat eine Entsprechung bei uns: In manchen Regionen Deutschlands, Österreichs und der Schweiz gab

es schon lange bevor Halloween bei uns jedem ein Begriff war, das »Rübengeistern«, oder in der schwäbischen Mundart »Riabagoaschtern«. Der Brauch ähnelt dem des amerikanischen Halloween mit seinen Kürbissen, nur werden beim Riabagoaschtern Zuckerrüben ausgehöhlt, es wird eine Fratze hineingeschnitten und von innen mit einer Kerze beleuchtet. Und die Kinder ziehen durch die Orte und bitten um Gaben. Allein das Verkleiden – das war vor Halloween nur im Fasching üblich. Aber aus denselben Gründen: Böse Geister sollen vertrieben werden, und gleichzeitig wird die eigene Seele erkundet. Es ist also gar nicht nötig, sich über den »neuen« Halloween-Brauch aufzuregen – er ist schon uralt.

Das Fest der Toten

Die Feste, die zu dieser Zeit gefeiert werden, haben alle auf den ersten Blick ein bisschen etwas Düsteres: Sie gedenken der Toten.

Allerheiligen und Allerseelen

Schon ganz früh im Christentum gab es einen jährlichen Gedenktag für die Glaubensbrüder und -schwestern, die bereits ihr Erdendasein verlassen haben. Man betete für sie, dass sie ihren Weg zu Gott finden mögen. Damals war es noch eine kleine Gemeinschaft, deren Mitglieder oft verfolgt und sogar getötet wurden. Dieser Märtyrer gedachte man ganz besonders.

In den ersten christlichen Jahrhunderten wurden so immer mehr zu Märtyrern, die als Heilige galten. Es dauerte nicht allzu lange, bis es wegen der steigenden Zahl von Heiligen unmöglich wurde, jeden einzeln zu würdigen.

Das Christentum verbreitete sich rasant, und das Römische Reich fiel. Rom wurde nun das Zentrum des christlichen Glaubens und zum Wohnsitz des Nachfolgers Petri, des Papstes. Im Jahre 610 weihte Papst Bonifatius IV. das römische Pantheon (was so viel wie »alle Götter« bedeutet) der Jungfrau Maria und allen Märtyrern – und er begründete einen neuen Feiertag, Allerheiligen.

Allerheiligen ist also das Fest, an dem an alle Heiligen, die für ihren Glauben gelitten oder diesen in besonderer Weise bezeugt haben, gedacht wird. Und zwar nicht nur der Heiligen, die offi-

ziell heiliggesprochen wurden, sondern auch der vielen Heiligen, die nur Gott allein bekannt sind.
Als die Missionare auf die Kelten und Germanen trafen, fanden sie dort schon Feste vor, die zum Teil ähnliche Bedeutung hatten. Das machte es leicht, die Feste umzudeuten – statt der heidnischen Helden und Ahnen wurden nunmehr die Heiligen verehrt.

Später, um das Jahr 1000 herum, kam ein zweiter Gedenktag dazu: Allerseelen, ein Fest, das eigentlich noch mehr dem heidnischen Samhain entspricht. Denn an diesem Tag, dem 2. November, wird nicht nur der Helden beziehungsweise Heiligen gedacht, sondern aller Verstorbenen. Im Christentum ist diese Feier ein Tag des Gedenkens an die Vorfahren, aber auch ein Tag des Mitleids, da manche Seelen sich im Fegefeuer befinden und leiden müssen, bis sie die Gemeinschaft mit Gott erreicht haben. Durch Gebete, Almosen und Fürbitten hoffen Gläubige, diese Zeit zu verkürzen oder erträglicher machen zu können. Und natürlich werden an diesem Tag auch die Gräber der Ahnen geschmückt und besucht. In manchen Regionen, so auch in Bayern, zündet man nicht nur Kerzen an, sondern legt auch Allerseelenbrote an den Gräbern nieder.

Samhain und die Anderswelt

Samhain ist der Gegenpol zu Beltane. Ursprünglich wurde das Fest nicht nach dem Sonnenkalender gefeiert (also immer zum

gleichen Datum), sondern nach dem Mondkalender: Samhain war der elfte Neumond des Jahres. Alle anderen Mondfeste (Imbolg, Beltane und Lammas) waren Vollmondfeste. Das schon weist auf die Besonderheit und das Dunkle an Samhain hin. Mit Samhain begann die kurze Herrschaft der Unterwelt – bis an Yule, der Wintersonnwende, das Licht wiedergeboren wurde.
Wie Allerheiligen und Allerseelen, die vielleicht daraus hervorgegangen sind, war Samhain dem Gedenken der Ahnen gewidmet. Auch das Vieh kehrte um diese Zeit von den Almen in die Ställe zurück – und auch die Geister der Toten möchten, bevor der Winter naht, nach Hause zurückkehren.

An allen keltischen Hochfesten, so sagt es der Brauch, stehen die Pforten zur Anderswelt, der Welt der »Sidhe«, der »Unterirdischen«, der »Geister« und des »Feenvolks« offen. Die Wesen der Anderswelt können die Welt der Menschen besuchen und Sterbliche sich in das Reich der Naturgeister verirren.
Aber was soll die »Anderswelt« überhaupt sein? Ist es der »Bauch von Mutter Erde«? An den Festtagen wird die Grenze zwischen den Welten durchlässiger. Im Volksglauben waren die Pforten zur Anderswelt Orte, die besonders mit der Vorstellung von Tiefe verbunden sind – Teiche, Seen, Quellen und natürlich Höhlen.

Naturgeister

Elfen, Zwerge, Trolle, Kobolde ... Gibt es diese Wesen, die man »Naturgeister« nennt, denn überhaupt? Vielleicht denken Sie jetzt: »Der spinnt, der Kirschgruber!«, wenn ich Ihnen sage, dass ich an Naturgeister glaube. Nun sehe ich zwar keine kleinen Männlein in Erdlöchern oder winzige fliegende Mädchen im Spitzenkleid. Aber ich finde es viel naheliegender, beispielsweise eine Blume als ein von einer Blumenelfe bewohntes Lebewesen zu sehen, als nur als Pflanze, die aus Zellen und chemischen Reaktionen besteht. Auch wenn ich einen alten Baum, einen sprudelnden Bach oder einen grauen Felsen sehe, erkenne ich, wenn ich mit dem Herzen und nicht nur mit den Augen sehe, einen Elfenkönig, eine Nixe oder einen Troll. Probieren Sie es einmal aus, was geschieht, wenn Sie versuchen, eine Blume als das Heim einer Blumenelfe zu betrachten ...

Um die Naturgeister ranken sich viele Sagen und Mythen. Am ehesten kennen Sie Naturgeister aber wahrscheinlich von den Märchen, die Sie als Kind gehört haben. Meine Großmutter erzählte uns fast jeden Abend, so scheint es mir heute, Geschichten, in denen Elfen, Gnome und andere Gestalten aus der Anderswelt vorkamen. Als kleiner Bub nahm ich die Märchen für bare Münze und lag so manchen Abend auf der Lauer, um eine Elfe oder einen Kobold zu beobachten.

Manchmal glaubte ich sogar, welche zu sehen, so gern wollte ich es.

Kinder und fantasievolle Menschen können Naturgeister vielleicht »wirklich« sehen, doch wir alle können den Zauber der Natur spüren, wenn wir uns nur ein wenig dafür öffnen. Zu besonderen Zeiten des Jahres sollen die Naturgeister der Menschenwelt näherkommen. Oder vielleicht ist es eher so, dass wir an den heiligen Tagen der spirituellen Welt näher rücken und mehr von den Dingen sehen, die nur dem Herzen sichtbar sind.

LEGENDE

Legende
Der heilige Martin

Das keltische Fest Samhain ist die Nacht auf den 1. November. Bei den Germanen war es eher der 11. November. Und auch dieses Fest gibt es heute noch in seiner christlichen Form: den Martinstag, an dem des heiligen Martin von Tours, der im Jahre 397 starb, gedacht wird.
Für den Martinstag – oder wie man bei uns in Bayern sagt: »Martini« – gibt es zahlreiche, auch heute noch beliebte Bräuche, wie den Martinszug, das Martinssingen und, nicht zu vergessen, das Martinsgansessen. Die Legende um Sankt Martin ist sehr schön und eignet sich gut, um sie Kindern zu erzählen.

Martin war erst 15 Jahre alt, als der römische Kaiser Konstantin I. befahl, dass alle Soldatensöhne in der römischen Armee dienen mussten. Und Martins Vater war Soldat. Martin hatte noch nie etwas von Jesus Christus gehört, doch er war so bescheiden und gütig, wie es ein wahrer Christ sein sollte. Von seinem Soldatensold behielt er nur das, was er zum Leben brauchte, und gab das meiste den Armen. Natürlich wurde er dafür von manchen seiner Kameraden ausgelacht, doch die meisten bewunderten ihn.
Ein paar Jahre später war er bereits ein hoher Offizier. Eines Abends, an einem bitterkalten Wintertag, ritt Martin auf seinem Ross in die Stadt, als er einen Bettler sah, der nur in ein paar Lumpen gehüllt war. Der Bettler flehte die Menschen, die in das Zentrum eilten, um Hilfe, um ein Stück

LEGENDE

Brot oder alte Kleidung an. Doch es war, wie leider auch heute so oft: Alle sahen weg, und keiner half ihm.

Martin, der ein so gutes Herz hatte, spürte sogleich großes Mitleid mit dem armen Mann. Doch er hatte ja gar nichts, was er dem Bettler geben konnte. Nur seinen wollenen Umhang, den er doch brauchte, um nicht selbst zu erfrieren. Da nahm er sein Schwert und zerteilte seinen Mantel in zwei Teile und gab einen Teil dem Bettler. Der Mann bedankte sich und hüllte sich in Martins halben Umhang – so war es schon viel besser.

In der nächsten Nacht hatte Martin einen Traum: Eine Schar Engel und Jesus Christus selbst traten auf ihn zu, und Jesus sprach: »Ich war es, Martin, dem du Barmherzigkeit erwiesen hast.«

Als er erwachte, sann er über seinen Traum und sein Leben nach. Er gab den Soldatenberuf auf, ließ sich taufen und wurde Mönch. Als einige Jahre später der Bischof von Tours starb, wollte das Volk von Tours, dass Martin der neue Bischof würde – doch Martin war nicht stolz darauf; er fühlte sich nicht würdig, Bischof zu sein. Deshalb versteckte er sich in einem Gänsestall. Doch die Gänse schnatterten laut und verrieten Martin, sodass man ihn schnell fand und schließlich doch zum Bischof weihte. Die Gänse aber, die ihn verraten hatten, müssen bis heute Buße tun und werden zu Sankt Martin gebraten.

Das Ahnentischchen

Dieses kleine Rauhnachtritual ist eine Bereicherung für jede Familie – Sie stellen dabei eine Verbindung zu all den geliebten Verstorbenen und zu Ihren Vorfahren her, und Ihre Seele wird offen für die Wirklichkeit jenseits der Zeit.

Früher wurde das Ahnentischchen oft in den Rauhnächten zum Gedenken an die Ahnen geschmückt. Meine Großeltern stellten zwischen Weihnachten und Heilige Drei Könige ein »Ahnentischchen« auf, das denselben Zweck erfüllte wie ein Ahnenschrein oder ein ganzer Raum. Sehr gute Anlässe für das Ahnentischchen-Ritual sind aber selbstverständlich gerade Allerheiligen und Allerseelen.

Stellen Sie einen kleinen Tisch ins Zimmer; wählen Sie dazu einen Ort, der allen Familienmitgliedern leicht zugänglich ist, aber an dem man nicht einfach ständig unachtsam vorbeiläuft. Suchen Sie eine schöne Tischdecke und dekorieren Sie das Tischchen mit Tannenzweigen, Kräuterbuschen, Äpfeln, Nüssen, Bergkristallen und Kerzen. Sehr sinnvoll ist es auch, für jeden, an den Sie mit dem Ahnentischchen denken möchten, ein persönliches Andenken, ein Bild oder Schmuckstück auf dem Tisch zu platzieren.

Mindestens einmal am Tag sollten die Kerzen angezündet und der Verstorbenen gedacht werden. Schön ist es, gemeinsam mit den Familienmitgliedern Hand in Hand für ein paar Minuten in stiller Andacht vor dem Tischchen zu verweilen – und sich danach Geschichten und Anekdoten über die Verstorbenen zu erzählen.

Sie können aber auch allein immer wieder einmal, wenn Ihnen danach ist, still vor dem Ahnentischchen sitzen – lassen Sie dabei Stille in Ihre Seele einkehren. Öffnen Sie sich ganz den Eindrücken, die in Ihrer Seele auftauchen. So leben Ihre Ahnen nicht nur in Ihrem Herzen weiter, sondern geben Ihnen vielleicht sogar die eine oder andere wichtige Botschaft ein.

Die spirituelle Bedeutung der Totenfeste

Samhain steht als dunkler Pol des Jahres Beltane, dem hellen Pol, gegenüber. Es ist nun eine Zeit, in der die Natur – vorübergehend – vom Leben Abschied nimmt. Wenn wir uns im Einklang mit der Natur befinden, tut es uns in dieser Zeit des bevorstehenden Wendepunktes gut, dem Impuls der Natur zu folgen und uns mit den Themen Abschied, Loslassen, Tod, aber auch Hoffnung zu beschäftigen. Das wird sich vielleicht für Sie erst einmal sehr düster anhören. Doch es geht ja gerade nicht darum, angesichts von Dunkelheit und Abschied zu verzweifeln oder sich in Trauer zu versenken, sondern den Abschied und die Stille willkommen zu heißen.

Wenn wir an Samhain oder Allerseelen der Verstorbenen mitfühlend gedenken, ist natürlich die Trauer gegenwärtig – doch indem wir uns dem spirituellen Aspekt zuwenden, wird die Trauer aufgehoben. Wir erinnern uns an unsere Vorfahren und erleben das Staunen und die Dankbarkeit, die uns hierhergeführt haben. Wir erleben die Verbundenheit mit unseren Wurzeln.

Wir »begegnen den Toten« und lernen von ihnen etwas über unsere eigene Endlichkeit und darüber, wie wichtig es ist, dem Leben Sinn zu verleihen.

Zwar sind Samhain, Allerheiligen und Allerseelen in gewisser Weise Feste des Todes – aber eben auch Feste der Hoffnung auf neues Leben. Das dazugehörende Sankt-Martins-Fest unterstreicht diese Hoffnung und zeigt uns die Bedeutung von Mitgefühl und Liebe.

Es geht also an Samhain bei genauem Hinsehen gar nicht so sehr um den Tod als vielmehr um die Aufforderung, sich mutig in das Dunkel der eigenen Seele zu begeben, den Blick nach innen zu wenden, die Stille zu umarmen und schließlich das Licht in sich zu finden. Diese Tage sind die beste Gelegenheit, sich selbst kennenzulernen.

Wer bin ich?

Die kleine Besinnungsübung, die Sie dabei unterstützt, Ihr Inneres zu erkunden, ist ganz einfach.
Stellen Sie sich einfach nur die Frage: »Wer bin ich?«
Immer wieder.
»Ich bin Susanne Müller.« – Das ist mein Name.
Aber wer *bin* ich?
»Ich bin Mutter und Hausfrau.« – Das sind meine Rollen.
Aber wer *bin* ich?
»Ich bin oft unzufrieden.« – Das ist ein Gefühl.
Aber wer *bin* ich?
...

Es gibt keine richtigen oder falschen Antworten. Es geht um das Erforschen dessen, zu was Sie »ich« sagen. Ich weiß nicht, welche Antworten Sie finden, aber ich weiß, sie werden interessant sein.

Rituale, Mythen, Traditionen

- Allerheiligen- und Allerseelengebäck: In Süddeutschland und Österreich gibt es die Seelenwecke, das Allerseelenbrot oder den Allerheiligenstriezel, ein Gebäck, das die Taufpaten ihren Patenkindern schenken.
- Martini als Zahltag: Der Martinstag war früher der traditionelle Tag des Zehnten, also der Steuern. Auch Dienstverhältnisse und Pachtfristen endeten oft an Martini. Selbst heute steht in Landpachtverträgen noch »Martini« als Anfangs- und Endtermin. Das ist auch sinnvoll, weil Martini den Anfang und das Ende der natürlichen Bewirtschaftungsperiode kennzeichnet.
- Die Kelten pflegten den Brauch, nach Samhain keine Kräuter mehr zu ernten, da diese nach Samhain den Unterirdischen gehörten.
- Samhain-Orakel: Es gibt einige Bräuche, die sich zum Teil bis heute gehalten haben und die sich auf Liebespaare beziehen; Orakel, mit denen man den zukünftigen Partner, die Dauer und Verlässlichkeit einer Beziehung oder die Zahl der Kinder voraussagen konnte.

Apfelschalen verrieten besonders neugierigen Leuten, wen sie heiraten würden. Äpfel wurden geschält und die Schalen über die linke Schulter geworfen: Wenn die Schalen so fielen, dass man einen Buchstaben erkennen konnte, war das der Anfangsbuchstabe des Namens des künftigen Partners.

Nüsse sollten beim Rösten auf dem Herd Aufschluss darüber geben, ob die Beziehung hielt. Wenn die Nüsse zusammenblieben, blieb auch das Paar zusammen. Wenn nicht ... nun, dann musste man aufpassen.

Wenn man Eiweiß in Wasser tropfen lässt, zeigen sich (ähnlich wie beim Bleigießen) unterschiedlichste Formen. Die Deutung bei diesem Orakel soll Aufschluss darüber geben, wie viele Kinder ein Paar haben wird.

Rezept

Die Martinsgans

Zutaten:
1 Gans (ca. 4-5 kg, am besten küchenfertig beim Bauern kaufen, nicht tiefgefroren!)
250 g Backpflaumen (vorher einweichen)
250 g Äpfel (reif und süß)
2 EL Zucker
7 EL Semmelbrösel (oder getrocknetes, geriebenes Brot)
3 EL Sahne
1 EL Mehl
3 EL Apfelmus
3 cl Weinbrand
Salz, Pfeffer, Zimt, Majoran

Zubereitung:
Waschen Sie die Gans gründlich und salzen Sie sie von innen! Schälen und zerkleinern Sie die Äpfel (bis auf einen). Vermischen Sie nun die geschnittenen Äpfel, die Backpflaumen (Entkernen nicht vergessen!) und Semmelbrösel; schmecken Sie mit Zucker, Zimt und Weinbrand ab. Diese

Füllung kommt jetzt in die Gans, die dann zugenäht wird. Geben Sie nun Salz, Pfeffer und Majoran an die Gans.
In die Fettpfanne geben Sie vor dem Braten zwei bis drei Tassen Wasser und einen halbierten Apfel.
Heizen Sie den Ofen nun auf 200 Grad vor. Die Gans kommt jetzt auf den Bratrost und brät dreieinhalb Stunden. Ab und zu übergießen Sie die Gans mit ihrem Bratensaft. Und nach zwei Stunden stechen Sie die Haut an, damit das Fett gut ausbrät.
Zehn Minuten vor dem Ende der Garzeit bestreichen Sie die Gans mit kaltem Salzwasser und schalten den Herd auf 250 Grad. Nun wird die Gans richtig knusprig.
Der Bratensaft, der sich in der Fettpfanne gesammelt hat, ist sehr konzentriert. Geben Sie daher etwas Wasser hinzu. Dann fügen Sie noch Sahne, Mehl und Apfelmus hinzu und schmecken die Soße ab. Lassen Sie sie dann noch ein paar Minuten aufkochen.
Zur Martinsgans gehören natürlich Kartoffel- oder Semmelknödel und Blaukraut – und ein Segenswunsch.

BAUERNREGELN ZU ALLERHEILIGEN

Allerheiligen (1. November) und Martini (11. November) stehen nach den Bauernregeln oft im Zusammenhang.

- Bringt Allerheiligen einen Winter, so bringt Martini einen Sommer.
- Ist's zu Allerheiligen rein, tritt Altweibersommer ein.
- Allerheiligen mit Sonnenschein lässt Martini kälter sein.
- Allerheiligen und Eis machen die Weihnacht weiß.
- Bricht Allerheiligen der Winter ein, so herrscht Martini Sonnenschein.

Winterwende

Die Geburt der Hoffnung

Die Tage sind seit Mittsommer immer kürzer geworden. Und von Ende September an sind die Nächte länger als die Tage. Nun ist endlich der Wendepunkt gekommen: Etwa am 21. Dezember ist der kürzeste Tag und die längste Nacht des Jahres – von da an werden die Tage wieder länger. An diesem Tag beginnt das Licht wieder an Kraft zu gewinnen – die Hoffnung auf den Sieg des Lichts wird geboren. Es ist Wintersonnwende, und es ist kein Wunder, dass dieser Tag in den meisten alten Kulturen ein großer Festtag war. Wir feiern um die Zeit der Wintersonnwende das Weihnachtsfest, die Geburt Jesu, des »Lichts der Welt«, mit dem die Hoffnung geboren wird.

Dass das wieder erwachende Licht und damit die Sonne verehrt wird, ist eine uralte Tradition, die länger als jede Geschichts-

schreibung zurückreicht. Das ist nicht besonders überraschend, denn die Sonne ist schließlich die Quelle der Energie, aus der alles Leben auf der Erde seine Kraft bezieht. So wie die Sommersonnwende, der Triumph des Lichts, der längste Tag des Jahres, den Keim des Dunkels in sich trägt, so trägt die Wintersonnwende, der dunkelste Tag, umgekehrt den Keim des Lichts, das Leben und die Auferstehung in sich.
Schon immer spielte zu dieser Zeit das Feuer bei allen Bräuchen eine wichtige Rolle. Die Germanen brannten Winterfeuer ab, und heute noch zünden wir Kerzen auf dem Adventskranz und auf dem Weihnachtsbaum an. Das christliche Weihnachtsfest, mit dem die Geburt Jesu Christi gefeiert wird, findet heute kurz nach der tatsächlichen Wintersonnwende statt; doch das war nicht immer so. Früher lag die Sonnwende auf dem 25. Dezember – also genau an Weihnachten.

Advent

Die Vorfreude auf den großen Tag wird im Christentum ausgiebig zelebriert – und das ist sehr gut. Vor Weihnachten steht die vierwöchige Adventszeit. Ursprünglich war das eine Zeit des Fastens, die auf die Geburt der Hoffnung vorbereitete. Heute fasten nur noch wenige Menschen in der Adventszeit, obwohl es ihnen sehr gut täte – körperlich wie auch spirituell. Aber immerhin sind Adventsbräuche wie der Adventskalender und der Adventskranz bis heute weit verbreitet. Diese Bräuche haben auch eine spirituelle Wirkung. Sie stimmen darauf ein, dass etwas Besonderes geschehen wird – die »Spannung« wächst, die Seele wird aufnahmebereiter.

Das Lucia-Fest

Wie wichtig die Sonnwende ist, zeigt sich auch darin, dass es noch ein christliches Fest gibt, das vor der gregorianischen Kalenderreform in Schweden am Tag der Wintersonnwende gefeiert wurde – heute fällt dass Lucia-Fest auf den 13. Dezember.

Die Bedeutung des Namens »Lucia« ist bezeichnenderweise »die Leuchtende«. Der Heiligengedenktag, der nicht nur in Schweden, sondern auch bei uns in Bayern vielerorts begangen wird, erinnert an die heilige Lucia von Syrakus. Lucia war die Tochter eines reichen römischen Bürgers – der kein Christ war. Im Jahr 283 war das Christentum noch nicht so weit verbreitet, und die Christen wurden verfolgt. Lucia erfuhr jedoch schon in früher Jugend von Christus und wurde Christin. Sie gelobte Jungfräulichkeit um Christi willen. Das war der Mutter aber gar nicht recht. Doch als sie mit ihrer Tochter auf eine Wallfahrt zum Grab der heiligen Agatha ging und dort von einem schweren Leiden geheilt wurde, stimmte sie dem Gelübde zu. Doch der Bräutigam, dem sie versprochen worden war, war beleidigt und äußerst rachsüchtig, und so klagte er sie als Christin an – zu dieser Zeit ein schweres Verbrechen. Sie wurde dazu verurteilt, in einem Freudenhaus als Sklavin zu arbeiten – doch nach der Legende konnten weder hundert Männer noch ein Ochsengespann sie von zu Hause wegzerren. Schließlich wurde sie mit einem Schwert getötet – am Tag der Wintersonnwende.

Die Weihnachtsgeschichte

Das größte Fest ist aber unbestreitbar das Weihnachtsfest. Es ist gemeinsam mit Ostern, dem Tag des Todes und der Wiederauferstehung Jesu, und Pfingsten, dem Tag der Ausgießung des Heiligen Geistes, eines der drei Hauptfeste des Christentums. An diesem Tag ist nach christlichem Glauben der Erlöser geboren – das spirituelle Licht der Welt. Jesu Geburt erfüllte die alten jüdischen Prophezeiungen:

Es begab sich aber zu der Zeit, dass ein Gebot von dem Kaiser Augustus ausging, alle Menschen im Land sollten gezählt werden. Und so musste jeder in seine Geburtsstadt gehen, um gezählt zu werden. Da machte sich auch Joseph aus Galiläa mit seiner schwangeren Frau Maria auf den Weg nach Bethlehem, woher er stammte. Als die Zeit kam, da Maria gebären sollte, fanden sie keine Herberge, und so gebar sie ihren Sohn in einem Stall und wickelte ihn in Windeln und legte ihn in eine Krippe. In der Gegend waren Hirten auf dem Feld, die hüteten des Nachts ihre Herde. Und siehe, ein Engel trat zu ihnen und strahlte hell. Da bekamen sie große Angst, doch der Engel sprach zu ihnen: »Fürchtet euch nicht! Denn ich verkündige euch große Freude, die allem Volk widerfahren wird, denn euch ist heute der Heiland Christus geboren. Und das habt zum Zeichen: Ihr werdet das Kind finden in Windeln gewickelt und in einer Krippe liegen.«
Und während der Engel sprach, kamen viele weitere himmlische Wesen und sangen: »Ehre sei Gott in der Höhe und Frieden auf Erden und den Menschen ein Wohlgefallen.«

Als dann die Engel wieder zurück in den Himmel auffuhren, sprachen die Hirten untereinander: »Lasst uns nach Bethlehem gehen und selbst das Wunder sehen.« Und sie fanden Maria und Joseph, dazu das Kind in der Krippe liegen. Da sie es aber gesehen hatten, breiteten sie das Wort aus, welches zu ihnen von diesem Kinde gesagt war. Und alle, vor die es kam, wunderten sich der Rede, die ihnen die Hirten gesagt hatten. Maria aber behielt alle diese Worte und bewegte sie in ihrem Herzen. Und die Hirten kehrten wieder um, priesen und lobten Gott um alles, was sie gehört und gesehen hatten, wie denn zu ihnen gesagt war.

Und da acht Tage um waren, dass das Kind beschnitten würde, da ward sein Name genannt Jesus, welcher genannt war, von dem Engel, ehe er im Mutterleib heranwuchs. Als Jesus geboren war, da kamen drei Weise vom Morgenland nach Jerusalem und sprachen: »Wo ist der neugeborene König der Juden? Wir haben seinen Stern gesehen im Morgenland und sind gekommen, ihn anzubeten.« König Herodes hörte das und erschrak gewaltig, da er fürchtete, dieser neugeborene König werde ihn stürzen. Daher rief er alle seine Ratgeber zu sich und fragte sie, wo dieser Christus geboren werden sollte. Und sie sagten ihm: »In Bethlehem.« Da ließ Herodes die drei Weisen aus dem Morgenland zu sich kommen und fragte sie aus und erfuhr von ihnen, wann der Stern erschienen wäre. Dann wies er sie nach Bethlehem und sprach: »Zieht hin und sucht fleißig nach dem Kind – wenn ihr es findet, so erzählt mir davon, dass ich auch kommen und es anbeten kann.«

Also zogen die Weisen wieder los und siehe, der Stern, den sie im Morgenland gesehen hatten, ging vor ihnen hin, bis er über dem Stall stand, wo das Jesuskind in seiner Krippe lag. Als sie den Stern stillstehen sahen,

waren sie hocherfreut und traten in den Stall, wo sie das Kindlein mit Maria, seiner Mutter, sahen. Und sie knieten nieder und beteten es an, und jeder gab ihm eine wertvolle Gabe: Gold, Weihrauch und Myrrhe.
Als sie wieder heimzogen, befahl ihnen Gott im Traum, dass sie nicht wieder zu Herodes gehen sollten, und so zogen sie über einen anderen Weg wieder in ihr Land, und Jesus wurde vor dem grausamen Herodes gerettet.

Christkind, Nikolaus, Weihnachtsmann

Wer bringt den Kindern die Geschenke? Die Eltern natürlich. Doch wer ist der »echte« symbolische Gabenbringer? Der Nikolaus, das Christkind oder der Weihnachtsmann?
Bei uns war es das Christkind. Das Christkind ist nicht etwa Christus als Kind – obwohl das Fest und der Name das nahelegen. Und früher war es auch tatsächlich so. Aber noch früher war es der Nikolaus, der die Geschenke brachte. Allerdings nicht zu Weihnachten, sondern vernünftigerweise am Nikolaustag, am 6. Dezember. Die Protestanten waren jedoch gegen die Verehrung von Heiligen, also auch gegen die Verehrung des heiligen Nikolaus. Martin Luther selbst war es, der den Tag der Geschenke auf das Weihnachtsfest verlegte – und das Christkind »erfand«. Die Geschenke brachte bei uns das Christkind – aber der Nikolaus brachte schon am 6. Dezember ein paar Süßigkeiten. Das fand ich als Kind natürlich sehr gut so. Und was ist

mit dem Weihnachtsmann? Wer ist das? Ist er tatsächlich eine Erfindung der Firma Coca-Cola? Was hat ein dicker, rauschebärtiger Mann mit Zipfelmütze und Rentierschlitten mit Weihnachten zu tun? Kurz gesagt: gar nichts.

Viele Christen und christliche Gemeinden in Deutschland lehnen den Weihnachtsmann vehement ab. Das kann ich oft verstehen, aber manchmal auch nicht. Vor allem wenn gesagt wird, der Weihnachtsmann sei durch und durch amerikanisch. Doch nicht ganz unbeteiligt daran, dass der Weihnachtsmann in Deutschland schnell Verbreitung gefunden hat, ist ausgerechnet der Dichter der deutschen Nationalhymne, August Heinrich Hoffmann von Fallersleben. Er schrieb nämlich nicht nur

so bekannte Kinderlieder wie »Alle Vögel sind schon da«, »Der Kuckuck und der Esel« oder »Ein Männlein steht im Walde«, sondern eben auch »Morgen kommt der Weihnachtsmann«.

Morgen kommt der Weihnachtsmann,
Kommt mit seinen Gaben.
Trommel, Pfeife und Gewehr,
Fahn und Säbel und noch mehr,
Ja ein ganzes Kriegesheer,
Möcht' ich gerne haben.

Und was hat es mit Coca-Cola auf sich? Nun, den Weihnachtsmann gab es in den USA schon ein paar Jahrzehnte, als der Grafiker Haddon Sundblom 1931 im Auftrag der Coca-Cola-Company für eine Werbekampagne den Weihnachtsmann zeichnete. Und so blieb er dann auch.
Der Weihnachtsmann ist also eine Erfindung ohne realen oder gar christlichen Hintergrund. Aber wir sollten doch ein wenig Milde walten lassen: Viele Kinder glauben mit ganzem Herzen an den gütigen alten Mann, der ihnen Geschenke bringt und den Zauber der Weihnacht in ihren Herzen erweckt. Er ist ein Symbol für das Märchenhafte, Überirdische, für Güte, Freundlichkeit und den Geist des Weihnachtsfestes. Und das ist doch schon etwas Wertvolles – solange wir dabei nicht unsere eigenen Bräuche und Traditionen vergessen.

Steckbrief: Weihnachtsmann und Nikolaus

Nikolaus	Weihnachtsmann
Bischofsmitra	Zipfelmütze
Bischofsstab	Glocke
Bischofsmantel	Rote Jacke und Hose mit weißem Pelzbesatz
Lebte tatsächlich im dritten Jahrhundert in Myra	Wurde in den USA erfunden, wahrscheinlich 1823
Ist zu Fuß unterwegs und kommt durch die Haustür	Fliegt auf einem Rentierschlitten und kommt durch den Kamin
Steht für Mitgefühl mit den Armen und Nächstenliebe	Steht für Konsum, Geschenke und Coca Cola – aber auch für Güte und den Geist der Weihnacht
Vollbart, normales Aussehen	Rauschebart, Knollennase, Pausbacken

Yule

Das Weihnachtsfest ist wunderschön. Es hatte allerdings Vorfahren, die ihm vorausgingen. Bei den nordeuropäischen Völkern war das das Mittwinter-, Yule- oder Julfest, das die Wintersonnwende zelebrierte. Auch die Wikinger feierten die Sonnwende. Die Gelehrten streiten sich noch, ob die Bräuche keltischen Ursprungs sind oder ob die Mittwinterfeste vielmehr auf die Wikingerzeit zurückgehen. Auch der Baum, der heute eine wichtige Rolle beim Weihnachtsfest spielt, geht wahrscheinlich auf den Welten- oder Lebensbaum der alten nordischen Völker zurück.

In Skandinavien heißt das Weihnachtsfest heute »Jul« oder »Jol«, im Englischen gibt es »Yule«, im Niederländischen »Joel« und im Finnischen »Joulu«. Niemand denkt dabei an heidnische Feste – es sind heute einfach Namen für das Weihnachtsfest, und kaum jemand weiß, dass das Wort sich von »Jólnir«, einem der Namen Odins (oder Wotans), des »Göttervaters«, herleitet.
Nun waren die Feiern zu Ehren Odins natürlich – zumindest auf den ersten Blick – etwas ganz anderes als das Weihnachtsfest. Vor allem wurde zur Mittwinterzeit ausgiebig getrunken – das zeremonielle Biertrinken zur Julzeit gibt es auch heute noch in Skandinavien.
In einem alten Geschichtstext, dem »Ágrip«, steht über das Julfest: *»Man muss hier die Frage beantworten, was die Heiden mit Jule meinen: Die Heiden veranstalten ein Gelage zu Ehren Odins, der auch viele andere Namen trägt, wie Vithrir, er heißt Hár, Thrithji und Jólnir. Von Jólnir hat Jule seinen Namen erhalten.«*
Viele Bräuche des Weihnachtsfestes, insbesondere in Nordeuropa, stammen ziemlich sicher aus vorchristlichen Zeiten. Nicht zuletzt sind auch der Weihnachtsbaum und die vielen Kerzen ein Überbleibsel der Feuerfeste zu Mittwinter.

Das heidnische Julfest feierte zwar einen Gott (Odin), aber nicht die Geburt des Erlösers.

Doch sind die Unterschiede wirklich so groß, wie sie auf den ersten Blick scheinen? Aus christlicher Sicht stellt sich die Frage nicht: Wie könnte die Geburt Jesu Christi, des Sohnes Gottes und Erlösers, mit irgendeinem heidnischen Brauch zu vergleichen sein?
Aus religiöser Sicht kann man die Feste selbstverständlich nicht vergleichen. Doch bei genauerem Hinsehen liegt ihnen doch ein ähnliches spirituelles Thema zugrunde.

Die spirituelle Bedeutung der Wintersonnwende

Das heidnische Julfest war nach allem, was man den Quellen entnehmen kann, im Wesentlichen ein Gelage. Aber nicht nur. Denn was wird tatsächlich gefeiert? Wie kamen die Menschen unterschiedlicher Kulturen und Religionen auf die Idee, gerade zu dieser Zeit große Feste zu feiern?
Der Urgrund der Feiern liegt in sehr alten Zeiten. Die Wintersonnwende ist die Zeit, in der die Hoffnung keimt. Am Himmel kündigt sich eine Veränderung an, die in der belebten Natur noch nicht unmittelbar sichtbar wird, aber auf sie hindeutet: Die Dunkelheit hat ihre größte Kraft entfaltet – von nun an wird sie schwächer. Die Tage werden länger und die Nächte endlich wieder kürzer.
Unsere Seele ist zu diesem Zeitpunkt besonders empfänglich für das Wunderbare, für das Weiten des inneren Blicks, für die Hoff-

nung auf eine lichte Zukunft. Hätten wir keine Feste zu dieser Zeit – wir würden Feste erschaffen, denn das Herz weiß Dinge, die der Verstand nicht weiß. Wir können den Zauber dieser Zeit in unseren Herzen spüren, wenn wir darauf achten. Und die Feste sind einerseits Ausdruck einer inneren Bewegung, andererseits erleichtern sie es, diese innere Bewegung zu spüren.

Dieser Zauber der Weihnachtszeit, des Julfestes, der Wintersonnwende ist eine Chance für uns. Deshalb ist es traurig, dass das, was das Fest eigentlich bedeutet, heute zu einem großen Teil von Konsumdenken überdeckt wird. Für Christen sollte es besonders traurig sein, dass so etwas Einmaliges wie die Geburt des »Lichts der Welt« zu einem Jubelfest für den Handel verkommt. Mir erscheint es geradezu pervers, wenn zum Weihnachtsfest Spielzeugwaffen, Gewalt verherrlichende Videospiele und Filme verschenkt werden. Es scheint mir wie eine Verhöhnung der alten Bräuche und ihrer spirituellen Bedeutung. Bezeichnenderweise steigt die Anzahl der Selbsttötungen und familiären Gewalttaten gerade während der Weihnachtszeit! Ist das nicht furchtbar?

Wir müssen nicht tiefreligiös sein, nicht auf Geschenke und das Weihnachtsessen verzichten oder ausgelassene Freude und Spaß zum Weihnachtsfest ablehnen. Doch wir sollten uns nicht der Möglichkeit berauben, eine tiefere Freude, ein Jubeln unserer Seele zu erleben. Gerade zur Weihnachtszeit ist es gut, wenn wir uns neben all dem modernen Trubel auch Zeit zur Besinnung nehmen. Besinnung ist nichts Tristes, Freudloses – ganz im Gegenteil. Vielleicht wollen Sie sich sogar gemeinsam mit Ihrer Familie an den Tagen um die Sonnwende herum etwas Zeit für eine kleine Besinnungsübung nehmen.

Zünden Sie viele Kerzen an, die das kommende Licht symbolisieren. Sinnen Sie ein wenig darüber nach, wie sich das Dunkle in Ihrer Seele gezeigt hat – und dann versuchen Sie nachzuspüren, wie dieses Dunkel allmählich vom kommenden Licht erhellt wird. Sprechen Sie aus, was Sie spüren: »Das Dunkle in meiner Seele hat sich gezeigt als ...« Sie können das für sich allein machen, oder aber im Rahmen eines gemeinsamen Familienrituals.

Auch wenn in Ihrem Herzen noch Dunkelheit herrscht: Öffnen Sie Ihr Herz der Hoffnung. Der berechtigten Hoffnung, dass die Dunkelheit niemals siegen wird – wie zur Sonnwende das Dunkel zwar noch stark ist und man den Sieg des Lichts noch nicht sehen, aber spüren kann.
So dunkel es jetzt auch noch aussehen mag – von nun an wird es immer lichter! Wiederholen Sie diesen Gedanken immer wieder und lassen Sie die tiefe Freude, die in der Hoffnung wurzelt, in Ihre Seele ein. Sprechen Sie auch diese Hoffnung und Freude aus: »Von heute an werde ich ein besserer Mensch sein, und alles wird sich zum Guten wenden!«
So wird alles, was Sie in dieser Zeit tun, mit einem neuen Geist getränkt. Ob Sie nun Geschenke für Ihre Lieben aussuchen, das

Fest vorbereiten, mit Freunden das Fest der Sonnwende feiern oder den Weihnachtsgottesdienst besuchen – alles wird an Tiefe, Bedeutung und Freude gewinnen. Und Sie werden innerlich daran reifen und wachsen und das Wunder dieser Zeit staunend und freudig erleben können.

Rituale, Mythen, Traditionen

Einer der Bräuche zur Weihnachtszeit könnte gut Nachahmer überall auf der Welt vertragen: In Finnland und Estland gibt es an Heiligabend den »Weihnachtsfrieden«. Früher wurde das streng gehandhabt, und jeder, der in Finnland während des Weihnachtsfriedens eine Straftat beging, wurde mit der doppelten Strafe belegt.

Dieser Brauch ist leider nicht so weit verbreitet – doch mancher Weihnachtsbrauch wurde allmählich zum festen Bestandteil des Weihnachtsfestes. Bräuche sind nicht in Steintafeln gemeißelt und wandeln sich im Laufe der Zeit – nur unser kurzes Leben lässt sie uns unwandelbar erscheinen. Früher gab es Mittwinterfeste, dann brachte das Christentum das Festgeheimnis der Geburt Christi und nahm dabei manche heidnische Winter- und Lichtbräuche auf, die auch heute noch ganz selbstverständlich zu unserem Weihnachtsfest gehören: Wir zünden Kerzen an, versammeln uns um einen Baum und feiern die Geburt des Lichts.

Krippe

Die Weihnachtskrippe ist wohl einer der ältesten urchristlichen Bräuche zum Weihnachtsfest. Früher war die Krippe sogar der Mittelpunkt der Weihnachtsfeier – erst vor etwa 200 Jahren rückte der Baum ins Zentrum des Geschehens.

Eine Krippe ist ja erst einmal nur ein Futtertrog für Tiere. Doch die Weihnachtskrippe ist mehr, nämlich die figürliche Darstellung des Weihnachtsgeschehens: das Jesuskind, das in der Futterkrippe liegt, Ochse und Esel, Maria und Josef, die Heiligen Drei Könige, Schäfer und Engel. Die Krippe bevölkerte sich übrigens erst im Laufe der Zeit. Im Frühchristentum gehörten in eine Krippe eben nur das Jesuskind, Ochse und Esel.

Wenn Sie einigermaßen bibelfest sind, fragen Sie sich vielleicht, wie Ochse und Esel in die Geschichte gekommen sind – denn im Evangelium steht davon nichts. Der Evangelist Lukas schreibt lediglich von der »Krippe in einem Stall«. Wenn Sie die Bibel sehr gut kennen, wissen Sie vielleicht auch die Lösung des Rätsels: Beim Propheten Jesaja findet sich eine Stelle, die als Vorankündigung des Kommens Jesu Christi betrachtet werden kann – und dort kommen Ochs' und Esel vor.

Das Aufstellen einer Krippe ist ein schöner Brauch. Gerade für Kinder ist die Darstellung mit Figuren viel lebhafter als nur eine vorgetragene Geschichte. Es ist etwas unmittelbar Anschauliches. Heute mag eine Krippe antiquiert erscheinen – und doch glaube ich, dass Kinder, die in staunender Andacht vor der Krippe sitzen und die Weihnachtsgeschichte erleben, tiefere und schönere Erlebnisse haben als Kinder, die in einen Gameboy starren und Monster per Tastendruck töten.

An Heiligabend wird in der Kirche meist auch das Krippenspiel aufgeführt. Ursprünglich war das ein volkstümlicher Gegenpol zur Weihnachtsfeier in der Kirche, die auf Lateinisch gelesen wurde. Doch bald schon kehrte es in die Kirche zurück. Und zwar durch den heiligen Franziskus von Assisi, der anstatt einer Predigt die Weihnachtsgeschichte mit lebenden Tieren und Menschen darstellte.

Es lohnt sich, wenn man Kinder hat, mit ihnen zusammen in der Adventszeit selbst eine Weihnachtskrippe zu basteln. Das muss ja gar nichts Kompliziertes sein – Sie können jedes erdenkliche Material verwenden. Und niemand erwartet künstlerisch wertvolle Skulpturen. Doch das tatsächliche Be-Greifen der Weihnachtsgeschichte hilft, wirklich in die Bedeutung des Weihnachtsfestes einzutauchen.
Diese Figuren gehören zu einer Weihnachtskrippe:

- natürlich das Jesuskind, das in einer Krippe liegt
- Ochse und Esel
- Jesu Mutter, Maria
- der Ziehvater Jesu, Josef
- Hirten, Schafe, Hirtenhunde
- die drei Weisen aus dem Morgenland, Caspar, Melchior und Balthasar, mit ihren Geschenken, Gold, Weihrauch und Myrrhe
- ein oder mehrere Verkündigungsengel

Tannenbaum

Heute steht der Weihnachtsbaum oder Christbaum im Mittelpunkt der Weihnachtsfeier (wenn manchmal auch nur als Dekoration für die Geschenke). Einen Christbaum gibt es in fast jedem Haus, in der Kirche und sogar auf allen großen Plätzen in den Städten. Dass ein geschmückter Baum im Zentrum eines Festes steht, ist ein uralter Brauch. Schon lange vor dem Christentum und sogar in anderen Kulturen gab es ähnliche Bräuche. Was könnte Lebenskraft und den Widerstand gegen den Scheintod des Winters besser symbolisieren als immergrüne Pflanzen? Und Bäume, mit ihrer langen Lebensdauer, ihren Wurzeln, die tief in die Erde hinabreichen, und ihrer Größe, die zum Himmel strebt, sind ohnehin ein uraltes Symbol. Auch im Mithras-Kult, der den Gott Mithras mit der Sonne gleichsetzte, wurde zur Wintersonnwende durch das Schmücken eines Baums *»sol invictus«*, die »unbesiegte Sonne«, geehrt. Im Norden Europas wurden im Winter schon seit Urzeiten Tannenzweige im Haus aufgehängt, um böse Geister fernzuhalten und die Hoffnung auf die Wiederkehr des Frühlings zu symbolisieren.

Der Ursprung des Weihnachtsbaums ist sicher auch von nichtchristlichen Bräuchen beeinflusst, doch ganz direkt ist der Baum wohl als der Paradiesbaum der Bibel zu verstehen. Der Weihnachtsbaum und gerade auch das Schmücken des Christbaums tragen sicher zum Zauber des Weihnachtsfestes bei. Oder können Sie sich ein Fest ohne Christbaum vorstellen? Für Christen gilt, dass unbedingt auch die Krippe unter dem Christ-

baum stehen sollte – denn das verbindet die Bedeutung des Baumes mit der Bedeutung des Festes.
Und für Heiden? Auch sie feiern unter dem Baum und freuen sich über die Neugeburt des Lichts zur Sonnwende. Es ist doch viel schöner, das Gemeinsame zu sehen und nicht das Trennende!

Denken Sie beim Kauf oder Schlagen eines Weihnachtsbaumes bitte daran, dass es etwa ein Jahrzehnt benötigt, bis ein Samenkorn zu einem Zwei-Meter-Weihnachtsbaum herangewachsen ist! Das soll Ihnen nicht etwa die Freude am geschmückten Baum verderben. Im Gegenteil – durch den Respekt vor dem

Geschenk aus der Natur zu diesem Fest kann die Freude noch tiefer empfunden werden.

Geschenke

Fragen Sie Ihre Bekannten, insbesondere Kinder, was das Wichtigste am Weihnachtsfest ist. Jede Wette, dass Sie fast immer hören werden: »Die Geschenke!«
Wie kommt es, dass heute die Geschenke derart im Mittelpunkt eines so bedeutenden Festes stehen? Es ist wohl so, dass das Materielle über allem anderen steht. Das ist die Götzenverehrung, vor der uns die Bibel warnt. Der Gedanke, seinen Liebsten etwas zu schenken, ist ja schön. Und ein Freudenfest wie Weihnachten eignet sich sehr gut dafür. Doch auch das Schenken sollte doch eine tiefere Bedeutung haben und Ausdruck dafür sein, dass man an den anderen denkt. Ist ein Videospiel, ein teures Schmuckstück, eine Seidenkrawatte wirklich ideal, um tiefe und echte Gefühle auszudrücken?

Meine Kinder haben mich einmal gefragt, wie das mit den Geschenken ist. Wie schafft es das Christkind, allen Kindern Geschenke zu bringen? Und warum bekommen reiche Kinder, selbst wenn sie unartig waren, größere und mehr Geschenke als ärmere Kinder, selbst wenn sie sehr brav waren? Doch ich erklärte ihnen (mit mäßigem Erfolg), dass die Geschenke nicht so wichtig seien und erzählte ihnen die Weihnachtsgeschichte. Während sie meiner Erklärung nur halbherzig folgten, glaubten sie mir aber etwas anderes, das mir dann einfiel: Ich erzählte ihnen nämlich, dass der Nikolaus nicht die Geschenke brächte, sondern die Freude an den Geschenken! Das leuchtete ihnen sofort ein.

Weihnachtslied: Vom Himmel hoch

Eines der bekanntesten Weihnachtslieder schrieb und komponierte Martin Luther 1535 für die Weihnachtsbescherung seiner Kinder.

Vom Himmel hoch, da komm ich her.
Ich bring' euch gute neue Mär,
Der guten Mär bring ich so viel,
Davon ich sing'n und sagen will.

Euch ist ein Kindlein heut' geborn,
Von einer Jungfrau auserkorn,
Ein Kindelein, so zart und fein,
Das soll eu'r Freud und Wonne sein.

Es ist der Herr Christ, unser Gott,
Der will euch führn aus aller Not,
Er will eu'r Heiland selber sein,
Von allen Sünden machen rein.

Er bringt euch alle Seligkeit,
Die Gott der Vater hat bereit,
Dass ihr mit uns im Himmelreich
Sollt leben nun und ewiglich.

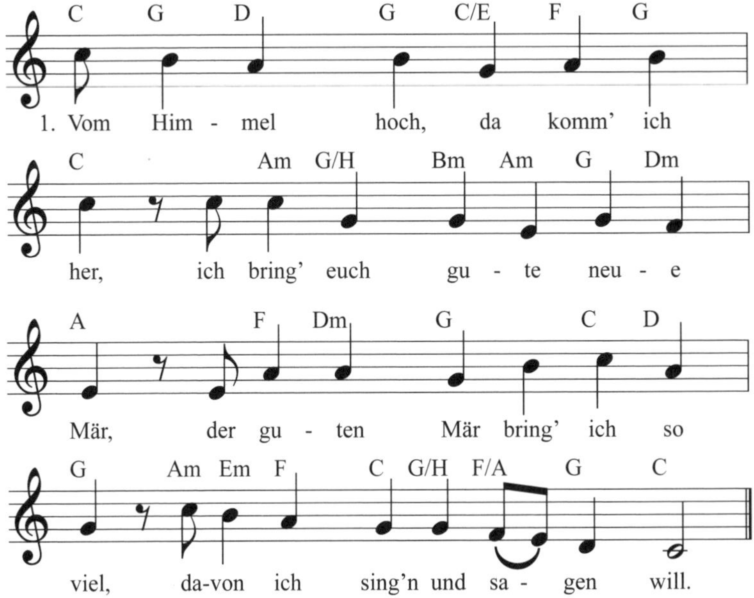
C G D G C/E F G
1. Vom Him - mel hoch, da komm' ich
C Am G/H Bm Am G Dm
her, ich bring' euch gu - te neu - e
A F Dm G C D
Mär, der gu - ten Mär bring' ich so
G Am Em F C G/H F/A G C
viel, da-von ich sing'n und sa - gen will.

Silvester
Abschluss und Neubeginn

Der Kreis schließt sich. Wir haben mit den Rauhnächten begonnen und enden dort auch wieder, am Altjahrstag, an Silvester.

Dass das Jahr am 31. Dezember endet, ist mehr oder weniger willkürlich. Bei den Kelten war vermutlich Beltane, der fünfte Vollmond nach der Wintersonnwende, der Beginn eines neuen Jahres. Vielleicht war es aber auch Samhain – zumindest sieht es auf dem berühmten keltischen Kalender von Coligny so aus, der allerdings nur in Bruchstücken erhalten ist. Dem 31. Dezember entspricht hingegen kein Himmelsereignis. Doch die Nähe zur Wintersonnwende lässt es nicht ganz unwahrscheinlich erscheinen, dass das heutige Silvester seinen Ursprung in germanischen Mittwinterfeiern hat.

Ist also Silvester ein christlicher Feiertag? Es ist immerhin nach dem Todestag eines Papstes, nämlich Silvester I., benannt – der am 31. Dezember 335 starb. Das Jahresende als »Silvester« zu bezeichnen ist allerdings noch nicht annähernd so alt. Erst seit 1582, als durch die gregorianische Kalenderreform der letzte Tag des Jahres vom 24. Dezember auf den 31. Dezember verlegt wurde, verbreitete sich diese Bezeichnung. Offiziell ist es kein kirchlicher Feiertag zum Jahreswechsel, sondern lediglich ein Heiligengedenktag. Silvester wird, wie wir alle wissen, lautstark gefeiert. Und wirklich wirkt Silvester, wie die Rauhnächte überhaupt, seltsam urtümlich. Nur wenige gedenken an Silvester des Papstes Silvester, aber überall auf der Welt wird mit Lärm und Feuerwerk das neue Jahr willkommen geheißen. Und auch in den christlichen Kirchen wird zu Silvester ein besonderer Gottesdienst abgehalten.

Früher glaubten die Menschen, dass in der Zeit zwischen den Jahren, und insbesondere an Silvester, böse Geister ihr Unwesen treiben. Um die Unholde und Dämonen abzuwehren, wurde Lärm gemacht, auf Trommeln geschlagen, wurden Glocken geläutet und Peitschen geknallt – heute sind es eher Wunderkerzen, Böller und Raketen. Aber auch Überbleibsel uralter Zeiten haben sich gehalten – wie der Brauch, zu dieser Zeit Orakel zu befragen.

Die Kunst, das Orakel zu befragen

Orakel wurden schon seit jeher befragt. Könige baten Orakel um Beistand bei wichtigen Entscheidungen, Feldherren wollten den Ausgang von Schlachten wissen, Bauern erbaten Aufschluss über das Wetter und die Ernte des neuen Jahres. Auch heute befragen Menschen gerne Orakel. Die Zukunft liegt im Dunkel und macht daher Angst – jeder von uns hat das Bedürfnis, mehr über das Kommende zu erfahren, um einen guten Weg einzuschlagen.
Die Auskünfte von Orakeln und Sehern sind oft zweideutig. Das muss auch so sein, denn die Zukunft steht nicht fest – sonst würden das Fragen gar keinen Sinn machen. Die Kunst, ein Orakel

zu befragen, besteht darin, die richtigen Fragen zu stellen – und die Antworten richtig zu verstehen. Ob wir nun glauben, dass höhere Wesen, Gott, die Ahnengeister oder unsere innere Weisheit zu uns sprechen: Verstehen werden wir nur, was wir mit dem Herzen und der Seele begreifen. Wer versucht, die Auskunft von Orakeln mit dem Verstand zu erfassen, wird in die Irre gehen.

Vieles kann der Vorhersage dienen: unsere Träume, die Karten, die schicksalhaft zufälligen Formen, die das gegossene Blei annimmt ... Die Zukunft können wir mit der Antwort des Orakels nicht festlegen. Wir können aber unsere innere Weisheit bitten, die Antwort zu verstehen. Und Verstehen heißt, den richtigen Weg zu kennen, nicht das Ergebnis.

Worauf Sie bei jedem Orakel achten sollten

Welches Orakelritual Sie auch durchführen, behalten Sie stets im Sinn, dass Ihre Gefühle und Ihre Intuition sichere Wegweiser sind. Das A und O bei jedem Orakel ist die richtige Fragestellung. Wissensfragen wird Ihnen das Orakel nicht beantworten können, auch die Frage nach den Lottozahlen wird vergeblich sein.

- Kommen Sie zur Ruhe, bevor Sie das Orakel befragen.
- Nehmen Sie das Orakeln ernst und bewahren Sie eine würdige Haltung.
- Ihre Frage muss von Herzen kommen.
- Ihr Geist sollte von der Frage erfüllt sein.

- Die Frage sollte mit Ihnen und Ihrem Handeln zu tun haben.
- Nehmen Sie sich sowohl für die Frage als auch für das Verstehen der Antwort ausreichend Zeit.
- Vertrauen Sie Ihren Gefühlen.

Gerade an Silvester werden Orakel oft als Spiel zum Zeitvertreib gemacht – man gießt Blei und schlägt dann in einem Orakelleitfaden nach, was die Form bedeutet. Das ist vielleicht ganz unterhaltsam – doch es geht natürlich völlig am Wesentlichen vorbei. Die Bedeutung lässt sich nirgendwo nachschlagen – außer im Buch Ihrer Seele.

Das Orakel zu befragen hilft Ihnen, Ihre Möglichkeiten, Schwierigkeiten und Chancen zu erkennen – nicht eine feststehende Zukunft vorherzusehen und Profit daraus zu schlagen. Ihre Achtsamkeit im gegenwärtigen Moment entscheidet über die Qualität und Aussagekraft des Orakels. Die Kunst, das Orakel zu befragen, ist die Kunst, mit den Erkenntniskräften Ihrer Seele in Verbindung zu treten. Wenn Ihnen das gelingt, werden Sie die Zeichen richtig deuten und den richtigen Weg für Ihre Zukunft einschlagen.

Das Feuerorakel

Das Orakel des Feuers ist vielleicht die älteste Form überhaupt. Das Feuer, die Flamme und die Verwandlung des Festen in Licht und Asche hat die Menschen schon immer fasziniert. Auch heute ist das Feuerorakel eine sehr einfache und schöne Methode, um sich von der Weisheit der Seele leiten zu lassen.

- Bereiten Sie alles vor – um ein Feuer im Freien, im Kamin oder einfach eine Kerze anzuzünden.
- Bereiten Sie sich selbst vor, indem Sie sich hinsetzen, ein wenig zur Ruhe kommen und der richtigen Frage nachspüren. Welche Entscheidung steht an, welche Schwierigkeiten sind zu lösen, über was möchten Sie gern mehr erfahren?
- Wenn Sie eine Frage gefunden haben, entzünden Sie das Feuer oder die Kerze und setzen Sie sich davor. Schließen Sie zunächst die Augen und lassen Sie die Frage Ihren Geist erfüllen.
- Öffnen Sie nun die Augen und blicken Sie in die Flammen. Suchen Sie nicht nach Formen, sehen Sie einfach entspannt hin. Es wird nicht lange dauern, bis sich Ihnen Formen zeigen.
- Spüren Sie genau in sich hinein, welche Gefühle, Bilder und Gedanken diese Formen in den Flammen bei Ihnen auslösen.

- Bleiben Sie dabei, bis eine »Antwort« – das kann ein bestimmtes Gefühl, ein inneres Bild oder ein Gedanke sein – in Ihrem Geist auftaucht. Vielleicht hören Sie auch eine Antwort in dem Knistern des Feuers.
- Schließen Sie nun noch einmal die Augen und spüren Sie der Antwort nach. Wenn Sie das Gefühl haben, dass Ihre Frage irgendwie beantwortet wurde, auch wenn Sie die Antwort momentan noch nicht ganz verstehen, beenden Sie das Ritual mit einem Dank an das Feuerorakel und löschen die Flamme.
- Führen Sie später eine Besinnungsübung durch, die die erhaltene Antwort zum Thema hat – dadurch wird die Gewissheit, welchen Weg Sie beschreiten sollen, stärker.

Die Kinder sind die Zukunft

Kinder haben Fähigkeiten, die in uns Erwachsenen schlummern; sie sind offen für das Wunderbare, leben ihre Fantasie aus und stecken die Dinge nicht so schnell in Schubladen. Sie glauben noch. Sie sehen das Leben in dem, was wir mit dem Verstand als bloße Materie ansehen. Und Kinder sind – wie Sie wohl wissen, wenn Sie selbst Kinder haben – sehr fasziniert von Ritualen und »meditativen« Wiederholungen. Haben Sie es nicht auch schon erlebt, dass ein Kind darauf bestand, dass eine Geschichte, die ihm einmal vorgelesen wurde, beim nächsten Mal ganz genauso erzählt wird? Kinder sind oft laut und ausgelassen, aber sie können auch leicht alles um sich vergessen und in der Betrachtung versinken – wenn sie durch die modernen Medien noch nicht ganz vereinnahmt wurden.

Die Rauhnächte sind eine gute Zeit, um Ihren Kindern – und damit auch Ihnen selbst – die Gelegenheit zu geben, Verbindung mit dem Wunderbaren, Unbegreiflichen, Geheimnisvollen und mit der Stille aufzunehmen.

Die Rituale, die Sie in diesem Buch kennengelernt haben, werden auch Ihre Kinder faszinieren. Vielleicht glauben Sie, dass Kinder noch keinen Zugang zum Spirituellen haben, doch da täuschen Sie sich. Kindern liegt das Spirituelle näher als uns Erwachsenen. Das Spirituelle ist ursprünglich – wenn wir es als Erwachsene »lernen« müssen, dann nur, weil wir es vergessen haben. Um Kindern die Bedeutung des geistigen Weges zu zeigen, müssen Sie also nicht viel tun.

- Nehmen Sie sich Zeit für Ihre Kinder. Als Erwachsene haben wir natürlich Pflichten – doch was kann wichtiger sein, als unseren Kindern Zeit zu geben? Die Zeit, die Eltern mit ihren Kindern verbringen, ist doppelt wertvolle Zeit – sowohl die Kinder als auch die Erwachsenen lernen.
- In den heiligen Zeiten gilt das ganz besonders: Da können Sie die gemeinsam verbrachten Momente aufwerten und werden dabei von der Kraft der spirituellen Zeit unterstützt.
- Lernen Sie von Ihren Kindern zu spielen. Im Spiel entdecken Kinder und Erwachsene ihre Möglichkeiten und ihr Inneres.
- Arbeiten Sie gemeinsam mit Ihren Kindern mit den Händen. Backen Sie gemeinsam Plätzchen oder basteln Sie.
- Gehen Sie mit Ihren Kindern in die freie Natur. Schränken Sie sie nicht ein, wenn sie herumtoben – sondern ergänzen Sie das Wilde mit dem Wissen darum. Erklären Sie das Verhalten der Tiere im Wald oder den Lebenszyklus der Bäume. Wer darüber noch nichts weiß, für den ist es eine hervorragende Gelegenheit, es nun zu lernen.
- Fördern Sie die Kraft der Fantasie. Erzählen Sie ihnen Märchen und Sagen, machen Sie ein Ritual daraus, jeden Abend, und sei es auch nur für zehn Minuten, eine Gutenachtgeschichte zu erzählen.
- Nehmen Sie die Wahrnehmungen Ihrer Kinder ernst, auch wenn Ihr Erwachsenenverstand es als Unsinn abtun mag. Sprechen Sie mit Ihren Kindern über ihre Träume und regen Sie sie an, Lehren aus Träumen zu ziehen – machen Sie deut-

lich, dass Träume wertvoll sind und uns etwas über uns selbst, unsere Probleme oder mögliche Lösungen sagen können.

* Fördern Sie bei Ihren Kindern, dass sie alle Sinne gebrauchen. Dabei können Sie selbst Ihre Wahrnehmungskraft stärken und neu beleben. Fragen Sie nach dem, was sie gerade hören, sehen, spüren oder riechen.
* Helfen Sie Ihren Kindern, ihre Wünsche zu verstehen – und den Unterschied zwischen materiellen Zielen und Herzenszielen zu erkennen. Seien Sie dabei nicht belehrend oder moralisch, sondern zeigen Sie am eigenen Beispiel, wie viel befriedigender es ist, etwas zu tun, als etwas nur zu haben.
* Fördern Sie die Neigung Ihrer Kinder zu Ritualen. Ob es nun traditionelle Rituale sind, das Abendgebet, die Gutenachtgeschichte, Räucherrituale, Besinnungsrituale oder Orakel – Ihre Kinder werden froh sein, teilnehmen zu können. Geben Sie ihnen dabei auch dem Alter angemessene Aufgaben.
* Lassen Sie Ihre Kinder erfahren, wie Orakel ihnen helfen können, ihre Wünsche, Hoffnungen und Befürchtungen klarer zu erkennen. Geben Sie dabei nie Deutungen vor – und vor allem: Erzeugen Sie keine abergläubischen Ängste! Zeigen Sie Ihren Kindern, dass die Orakel, gerade auch das Bleigießen zu Silvester, kein bloßes Spiel sind, aber auch nichts, das man fürchten müsste.
* Am Allerwichtigsten ist, dass Sie Ihren Kindern das Gefühl der Geborgenheit, des Angenommenseins und des Wertes der eigenen Persönlichkeit geben. Auch körperliche Nähe ist wichtig, Kinder wollen immer wieder in den Arm genom-

men werden. Nicht immer – auch das ist wichtig zu erkennen. Doch sie sollten wissen, dass sie immer kommen können, um zu kuscheln und beschützt zu werden.

Rituale, Mythen, Traditionen

Die Silvesterbräuche haben sich seit Urzeiten kaum verändert. Es wird gelärmt, getrunken und in Gesellschaft gefeiert. All diese Bräuche haben einen Sinn. Wir müssen nicht wirklich an böse Geister glauben – doch das Feuerwerk und Glockengeläut rufen uns dazu auf, die »bösen Geister« in uns, Streit, Neid, Zwietracht, Wut und Gier auszutreiben. Wenn wir in fröhlicher Gemeinschaft mit anderen Menschen beim Jahreswechsel um Mitternacht das neue Jahr feiern, berührt das etwas in uns. Die Vorfreude auf das neue Jahr, die Vorsätze, die Ziele, die wir uns – machmal sehr optimistisch – setzen, sind Ausdruck unserer Seele, dass wir jetzt neu anfangen und das Alte hinter uns lassen können, dass wir die ausgetriebenen bösen Geister nicht wiederkehren lassen werden.
Wie wir diese besondere Rauhnacht erleben, als fröhliche Feier oder als nicht weniger fröhliche, aber darüber hinausgehende Möglichkeit zur inneren Verwandlung und zum Neubeginn, liegt an uns selbst. Silvester ist nicht nur eine »Party«, im Laufe derer sich die Jahreszahl auf dem Kalender ändert, viel Sekt getrunken wird und man Feuerwerk machen darf. Silvester ist ein Wendepunkt – oder kann es sein, wenn wir es zulassen.

Ein alter Brauch zu Silvester ist das Bleigießen – eine gute Möglichkeit, sich über sich selbst und seine Ziele klar zu werden.

Bleigießen – Das klassische Silvesterorakel

Das Bleigießen ist heute wohl das am häufigsten durchgeführte Orakel – allerdings wird es meist eher als Gesellschaftsspiel angesehen. Das ist ja nichts Schlechtes. Doch die Chancen, die ein ernsthaftes und wegweisendes Orakel bietet, kommen dort nur ansatzweise zur Geltung. Die Menschen beginnen, ein wenig über sich selbst, ihre Ziele, ihre Fragen und ihren Weg nachzudenken. Das Spielerische und Ausgelassene, das die Silvesterfeierlichkeiten kennzeichnet, hat allerdings durchaus etwas Gutes: Im Ausgelassensein und Spiel treten wir ein wenig aus unserem Alltagsdasein hinaus, und es gelingt uns leichter, etwas anderes und Neues zu erkennen.

- Die gestellte Frage sollte nicht allzu albern und möglichst schon ganz bewusst durchdacht worden sein.
- Wir sollten die Antwort in uns oder im Gespräch mit unseren Freunden suchen.
- Wir sollten unserer Intuition vertrauen.
- Wir sollten die Antworten des Orakels zumindest ansatzweise ernst nehmen.

Das Bleigießen ist einfach und ausdrucksstark. Die Anwendung ist denkbar einfach. Heute wird in der Regel Zinn statt Blei verwendet – was sehr sinnvoll ist, denn Blei ist ein ziemlich giftiges Schwermetall. Vor allem Kinder sollten nicht Bleidämpfen ausgesetzt werden. Aber auch bei Zinn ist Vorsicht geboten – das heiße Metall kann spritzen, und Wunden, die durch flüssiges Metall entstehen, heilen schwer. Ich finde, das Allerbeste ist, ganz ohne Metall auszukommen und stattdessen wohlriechendes, kinderfreundliches und völlig ungiftiges Bienenwachs zum Orakelgießen zu verwenden. So haben es übrigens auch schon die Römer gemacht.

Und so geht es:

- Sie benötigen Blei, Zinn oder Wachs in kleinen Stücken, einen langstieligen Löffel, der möglichst einen Holz- oder Keramikgriff hat, eine dicke Kerze und eine Schale mit Wasser.
- Derjenige, der das Orakel befragen will, hält den Löffel mit den kleinen Metall- oder Wachsstückchen über die Kerzenflamme und macht sich Gedanken über seine Frage.
- Wenn das Metall oder Wachs flüssig ist, spricht er seine Frage (wenn er möchte, auch innerlich) aus und kippt das flüssige Wachs oder Metall in die Schüssel mit kaltem Wasser.
- Das Metall oder Wachs wird sofort fest und nimmt unregelmäßige Formen an, die zum Interpretieren einladen. Das ist die zunächst völlig offene Antwort des Orakels.
- Sie können nun diese Stücke selbst oder aber deren Schatten, die sie an die Wand werfen, in Bezug auf die gestellte Frage deuten.
- Denken Sie dabei vor allem an Chancen, Gefahren und Tendenzen des kommenden Jahres – oder auch an Qualitäten, die Sie entwickeln oder nicht ins neue Jahr mitnehmen sollten.

Verlassen Sie sich bei der Auslegung auf Ihre Intuition und Fantasie. Es geht um Ihre Zukunft, und nur Ihre eigenen Gefühle zählen. Oft liegt den Packungen, die ein »Bleigießset« enthalten, ein »Deutungs-ABC« bei – verwenden Sie das lieber zum Feuermachen; solche Listen werden Sie nicht weiterbringen. Selbst wenn Sie das Orakeln an Silvester eher als Spiel machen: Es ist viel unterhaltsamer, mit den Menschen, mit denen Sie feiern, über die möglichen Bedeutungen zu sprechen, als Ihre Zukunft aus einem Heftchen abzulesen.

Silvesterglaube

- Am Silvestertag sollte man nicht mit dem linken Fuß zuerst aufstehen – wenn man es doch tut, muss man sich vor Unglück in Acht nehmen.
- An Silvester sollte man keine Äpfel essen – denn ein Apfel spielte ja angeblich eine Rolle bei der Vertreibung aus dem Paradies.
- An Silvester sollte man mit vielen Menschen zusammen sein, denn dann wagen die bösen Geister sich nicht vor – und werden durch Feuer, Peitschenknallen und Böller noch weiter vertrieben.
- Eine Stunde vor dem Ende des Altjahres wurden früher alle Türen im Haus geschlossen – das alte Jahr wurde symbolisch ausgesperrt. Aber natürlich muss ein Fensterchen offen bleiben, damit das neue Jahr hereinschlüpfen kann …

Nachwort

Das wahre Wesen der Tradition

Ich hoffe, es ist mir in diesem Buch gelungen, klarzumachen, dass Traditionen keine Pflicht, kein Zwang, aber auch kein unnötiger Ballast sind. Traditionen, Bräuche und Rituale haben einen tieferen Sinn. Nur gibt es dabei eine Schwierigkeit: Je festgefahrener eine Tradition ist, je mehr sie zur Pflicht wird, desto mehr geht das eigentliche Anliegen, die tiefe spirituelle Bedeutung, verloren.

Die heiligen Zeiten des Jahres sind nicht willkürlich festgelegt. Sie zeigen Ereignisse in der Natur an, sie haben astronomische Bedeutung, sie erinnern an Heilige und Vorfahren. Vor allem aber haben sie die Kraft, unsere Seele und unser Herz zu berühren, und erinnern uns daran, dass es unsere Aufgabe ist, seelisch zu wachsen – und die Feste weisen uns deutlich darauf hin, dass diese Aufgabe keine Last, sondern eine Freude ist.

Nicht die Asche aufbewahren …

Die Bräuche zu bewahren ist etwas Wertvolles. Gerade heute, wo die Welt so sehr zusammenwächst, dass die Orientierung, wo man selbst steht, mitunter verloren geht. Manchmal kann man diese Orientierungslosigkeit ganz wörtlich spüren. Gerade in den Großstädten der Welt muss man schon genau hinsehen – es sieht nämlich überall beinahe gleich aus. Weltumspannende Schnellrestaurantketten, Modemarken, Kaufhäuser …
Nun hat dieses Zusammenwachsen der Menschheit auch etwas Gutes. Dass Menschen aus der ganzen Welt immer mehr Verbindungen zueinander aufbauen, ist sehr schön und hilft vielleicht, Frieden zu stiften und den Horizont zu erweitern. Es sollte jedoch nicht auf Kosten der eigenen Wurzeln und der eigenen Identität gehen. Es ist ja auch bei Speisen so: Ich liebe Erdbeeren, frisch gebackenes Roggenbrot, frisch gezapftes Bier, selbst gesammelte Pilze und reines Quellwasser. Aber niemals würde ich all das in einen Mixer stecken und den Brei schlürfen!

Das Bewahren der Tradition ist einerseits sicher wertvoll; andererseits stellt sich die Frage, warum wir blindlings irgendwelche Dinge tun sollten, die weder Freude bereiten noch neue Einsichten bringen. Und gerade heute fragen sich das in der Tat viele Menschen. So ist es kein Wunder, dass sie Bräuche rundheraus ablehnen und Traditionen für sinnlos und überholt halten. Menschen, die Bräuche hingegen nur deshalb aufrechterhalten, »weil man das immer schon getan hat«, haben zumindest den

Vorteil, dass sie einen Teil des Brauchtums bewahren, nämlich Gemeinschaft zu stiften. Doch das tut jeder Briefmarkensammlerverein auch.

Nein – Bräuche und Traditionen sollten lebendig sein. Und Lebendigsein bedeutet Veränderung. Das heißt nicht, dass wir unbedingt die Form von Bräuchen verändern müssen. (Manchmal ist es allerdings sehr gut, diese zu verändern, wenn wir neue Einsichten gewonnen haben: Ich denke, wir alle begrüßen, dass heute keine Menschen mehr geopfert werden, um einen Gott anzubeten.)

Nur wenn Rituale und Traditionen uns innerlich bewegen und bereichern, sind sie wirklich lebendig. Unsere ältesten Vorfahren entdeckten das Feuer. Das war ein großer Schritt in der Geschichte der Menschheit. Und es wurde Tradition, das Feuer weiterzugeben, anstatt es immer wieder neu entfachen zu müssen.

Was für ein Missverständnis wäre es doch gewesen, hätten unsere Ahnen die Überreste des Feuers für heilig erklärt und an ihre Nachfahren nur die Asche weitergereicht!

… sondern das Feuer weitergeben!

Eine lebendige, gelebte Tradition gibt nicht die Asche weiter, sondern das Feuer. Das geschieht aber nicht durch Vorschriften, deren Hintergründe man gar nicht kennt, sondern durch das Entzünden an der Flamme! Traditionen sollten sein wie das Weitergeben einer Flamme. So wird das ursprüngliche Feuer nie erlöschen, sondern weiterleben.

Die Menschen, die Rituale und Traditionen ablehnen, haben erkannt, dass die Asche an sich nutzlos ist – aber sie sehen das Feuer nicht, das die Asche hervorgebracht hat.
Menschen, die gedankenlos alte Bräuche zelebrieren, sehen das Feuer ebenfalls nicht – sie wissen nur, dass die Asche von irgendetwas Wertvollem herrührt.
Doch jene, die Traditionen und Bräuche bewahren, ihre geistige Bedeutung erkannt haben und in und an den Traditionen wachsen, reichen das Feuer weiter. Sie verstehen, warum wir heilige Zeiten feiern und dass wir zu diesen Zeiten immer wieder die Gelegenheit haben, seelisch zu reifen, zufriedener zu werden, einen Sinn in unserem Dasein zu finden und unser Leben gelingen zu lassen – und ihre Begeisterung ist die Flamme, an der sich ein neues und gleichzeitig uraltes Feuer entfachen lässt.

Bildnachweis

Fotolia, New York: 133 (Maksym Dykha), 189 (SG-design), 198 (Irina Fischer)
Getty images, München: 195 (photodisc), 241 (photodisc/Don Farrall)
iStockphoto, Calgary/Kanada: 22 (photohomepage), 33 (Lovere), 40 (Philartphace), 71 (Nikada), 109 (dobrinov), 159 (schulzie), 174 (knape), 178 (PatrickPoendl), 181, 234 (totalpics), 248 (KristianSeptimiusKrogh)
Valentin Kirschgruber: 19, 95, 233
LOOK, München: 8, 68, 96, 102, 192, 212 (age fotostock), 16 (Christoph Jorda), 31, 124 (Maskot), 36, 55, 142 (Florian Werner), 42 (Heinz Wohner), 52, 117, 166, 230 (Konrad Wothe), 57, 250 (Thomas Stankiewicz), 78 (Peter von Felbert), 82, 112, 114, 156 (Andreas Strauß), 98 (Arnt Haug), 129, 202, 236 (Jan Greune), 138, 149 (Hauke Dressler), 153 (Bethel Fath), 164 (H. & D. Zielske), 168 (Stefan Becker), 218 (Thomas Peter Widmann)
Südwest Verlag, München: 45 (Matthias Tunger), 208 (Christian Kargl)
Aus: Kelten in Europa, Quartier Latin 1968, The Ogre, Dbachmann: 13

Valentin Kirschgruber, geboren 1948, wuchs als das fünfte von sieben Kindern auf einem kleinen Bauernhof im Allgäu auf. Nach einer Schreinerlehre studierte er katholische Theologie und ließ sich dann zum Holzbildhauer und Restaurator ausbilden. Heute lebt der Autor mit seiner Frau auf einer Alm im Allgäu. Er ist Autor des erfolgreichen Buches »Das Wunder der Rauhnächte«.

MIX
Papier aus verantwortungsvollen Quellen
FSC www.fsc.org
FSC® C084279

Verlagsgruppe Random House FSC® N001967
Das für dieses Buch verwendete FSC®-zertifizierte Papier
Tauro liefert Papier Union.

1. Auflage
Originalausgabe

Lektorat: Ute Heek
Bildredaktion: Ute Heek und Dietlinde Orendi
Umschlaggestaltung: ki 36 Editorial Design, München, Daniela Hofner
Satz: EDV-Fotosatz Huber/Verlagsservice G. Pfeifer, Germering
Druck und Bindung: Print Consult, München
Printed in Slovak Republik
ISBN 978-3-424-63105-0
www.kailash-verlag.de